Manuel Ciarnau

Die präjudizielle Wirkung strafgerichtlicher Urteile im Zivilprozess

Manuel Ciarnau

Die präjudizielle Wirkung strafgerichtlicher Urteile im Zivilprozess

Sind Zivilrichter an Strafurteile gebunden?

Lehrbuchverlag

Imprint
Any brand names and product names mentioned in this book are subject to trademark, brand or patent protection and are trademarks or registered trademarks of their respective holders. The use of brand names, product names, common names, trade names, product descriptions etc. even without a particular marking in this work is in no way to be construed to mean that such names may be regarded as unrestricted in respect of trademark and brand protection legislation and could thus be used by anyone.

Cover image: www.ingimage.com

Publisher:
Der Lehrbuchverlag
is a trademark of
International Book Market Service Ltd., member of OmniScriptum Publishing Group
17 Meldrum Street, Beau Bassin 71504, Mauritius

Printed at: see last page
ISBN: 978-620-2-49008-5

DANKSAGUNG

Ein großer Dank gebührt zunächst Herrn Univ.-Prof. Mag. Dr. iur. Thomas Garber, der mir beim Verfassen dieser Diplomarbeit mit tatkräftiger Unterstützung jederzeit zur Verfügung stand.

Darüber hinaus möchte ich mich auch bei meinen Studienkollegen bedanken, die gemeinsam mit mir durch diese herausfordernde Studienzeit gegangen sind und mit denen ich viele Prüfungserfolge feiern durfte.

Und schließlich möchte ich mich noch bei meiner Familie bedanken, die mich im Studium immer unterstützt hat und jedes Mal für mich da war. Das werde ich in meinem Leben stets zu schätzen wissen.

INHALTSVERZEICHNIS

1 EINLEITUNG

Jede Rechtsordnung sieht mehrere Rechtsschutzwege vor. Dies führt dazu, dass man entweder zwischen zwei Extrempositionen wählen oder einen Kompromiss versuchen muss: Die eine Extremposition sieht einen einheitlichen Staatswillen hinter allen Rechtsschutzwegen, weshalb auch alle Entscheidungen der jeweiligen Staatsorgane im Gleichklang miteinander stehen sollen. Dies wird dadurch erreicht, dass die Staatsorgane gegenseitig an ihre jeweiligen Entscheidungen gebunden werden. Die andere Extremposition sieht die richterliche Entscheidungsfreiheit als unantastbar an. Begründet wird dies dadurch, dass der Richter den Einzelnen vor der Allmacht des Staates nur dann schützen kann, wenn er bei der Beurteilung einer Sache in seiner Entscheidung völlig unabhängig ist.[1]

Keine der beiden Auffassungen könnte für alle Fälle ein befriedigendes Ergebnis herbeiführen. Ein einheitlicher Staatswille hinter allen Rechtsschutzwegen scheitert schon daran, dass innerhalb der jeweiligen Rechtswege immer weitere Spezialisierungen erfolgen und die jeweiligen Staatsorgane sich immer verschiedenartiger zusammensetzen. Die völlige Bindungsfreiheit des Richters würde auf der anderen Seite dazu führen, dass zwei verschiedene Staatsorgane einen identen Sachverhalt rechtlich verschieden beurteilen könnten. Dies würde in weiterer Folge unweigerlich zu einer divergierenden Rechtsprechung in gleichartigen Rechtsfragen führen und somit der Rechtssicherheit schaden. Aus diesem Grund ist es die Aufgabe der Gesetzgebung und Rechtsprechung, einen möglichst praktikablen und effektiven Kompromiss zwischen diesen beiden Extrempositionen zu finden.[2]

Diese Diplomarbeit befasst sich daher mit der Frage, inwiefern die österreichische Gesetzgebung, Rechtsprechung und Literatur diese Bindungsproblematik im Zusammenhang mit den jeweiligen Entscheidungen der Zivil- und Strafgerichte gelöst haben.

1.1 Gang der Arbeit

Zu Beginn dieser Arbeit werden als erstes die nötigen Begrifflichkeiten erklärt, um dem restlichen Inhalt bestmöglich folgen zu können.

[1] *Fasching*, Die Bindung des Zivilrichters an Entscheidungen des Strafgerichtes (§ 268 ZPO) in der Rechtsprechung des letzten Jahrzehnts, ZVR 1983, 321.

[2] *Fasching*, ZVR 1983, 321.

Anschließend wird die gesamte Geschichte des § 268 ZPO erläutert, der (wie noch festzustellen sein wird) iVm Art 6 Abs 1 EMRK die gesamte Problematik dieser Diplomarbeit ausgelöst hat. Insbesondere wird festgestellt, ob und in welchem Umfang eine Bindungswirkung besteht.

In weiterer Folge werden die wesentlichen Entscheidungen des OGH, der für die langjährige Diskussion dieses Themenbereiches mitverantwortlich ist, ausführlich besprochen.

Nachdem dann der aktuelle Stand der Literatur und Judikatur umfassend diskutiert wurde, sollen die Grenzen der Bindungswirkung strafgerichtlicher Entscheidungen aufgezeigt werden.

Im Anschluss daran wird der Umfang der Bindungswirkung näher beleuchtet, um dessen Tragweite verständlich zu machen. Hierfür wurden drei Spezialgebiete ausgewählt: Kfz-Haftpflichtprozesse, Vermögensdelikte und – um auch einen Auslandsbezug herzustellen – Strafurteile aus fremden Staaten.

Zusätzlich sollen auch einzelne Bestimmungen im Gesamtkontext unserer Zivilprozessordnung besprochen werden, die mit der Bindungswirkung in Verbindung stehen.

Gegen Ende werden auch die Rechtsfolgen bei einem Verstoß gegen die Bindungswirkung aufgezeigt.

Und nachdem zum Schluss noch rechtspolitische Überlegungen in diese Diplomarbeit miteinfließen, werden die Ergebnisse dieser Diplomarbeit präsentiert.

1.2 Zum Begriff der Präjudizialität

Unter dem Begriff der Präjudizialität versteht man, dass eine bereits rechtskräftig entschiedene Sache Grundlage für die Entscheidung einer späteren Rechtssache ist. Da die aktuelle Entscheidung nur auf Basis der ehemaligen (bereits rechtskräftig gewordenen) Entscheidung getroffen werden kann, spricht man davon, dass die ehemalige Entscheidung für die aktuelle Entscheidung präjudiziell ist. Die rechtskräftig entschiedene Sache ist also Vorfrage, dh bedingendes Rechtsverhältnis, für die im nachfolgenden Verfahren auftretende Hauptfrage. Eine bindende Präjudizialwirkung (Bindungswirkung) mit Rechtskraftcharakter kann aber nur dann angenommen werden, wenn die Vorfrage Gegenstand der Sachentscheidung des Erstprozesses war. Die bloße Lösung der Vorfrage in den Entscheidungsgründen des Vorurteiles löst diese Rechtskraftwirkung hingegen nicht aus.[3]

[3] *Klicka* in *Fasching/Konecny*, Kommentar zu den Zivilprozessgesetzen[3] III/2 (2017) § 411 ZPO Rz 53 (Stand 1.11.2017, rdb.at); vgl auch *Rechberger/Simotta*, Zivilprozessrecht[9] (2017) Rz 959.

Die präjudizielle Wirkung von ehemaligen Entscheidungen für nachfolgende Prozesse ist eine Folge der materiellen Rechtskraft. Die materielle Rechtskraft sieht vor, dass eine spätere Entscheidung an eine vorherige Entscheidung gebunden ist, wenn es sich in beiden Verfahren (zumindest zum Teil) um denselben Sachverhalt und um dieselben Parteien handelt und beide Verfahren in einem so engen inhaltlichen Zusammenhang stehen, dass die Gebote der Rechtssicherheit und Entscheidungsharmonie eine widersprechende Beantwortung der in beiden Verfahren zu entscheidenden Rechtsfrage nicht gestatten.[4]

Diese Diplomarbeit behandelt die präjudizielle Wirkung strafgerichtlicher Urteile für den Zivilprozess. In diesem Kontext bedeutet dies, dass das Strafurteil die Vorfrage rechtskräftig beantwortet und das Zivilgericht dieses Strafurteil seiner Entscheidung zugrunde legt, um die für den Zivilprozess bestehende Hauptfrage (für welche die vom Strafgericht zuvor beantwortete Vorfrage präjudiziell ist) beantworten zu können. Der Begriff der Präjudizialität ist hier also als verfahrensübergreifend zu verstehen, weil die Bindungswirkungen aus dem Strafprozess in den Zivilprozess hineinreichen.

Nun, da die Begrifflichkeiten geklärt sind, soll in weiterer Folge auf die Geschichte einer gesetzlichen Bestimmung eingegangen werden, die für die Forschungsfrage dieser Diplomarbeit prägend ist.

[4] RIS-Justiz RS0041572; siehe zB auch OGH 07.06.1984, 8 Ob 18/84.

2 DIE GESCHICHTE DES § 268 ZPO

2.1 Entstehung des § 268 ZPO

Wie bereits oben in der Einleitung dargestellt ist es nicht einfach, eine einheitliche und befriedigende Antwort auf die Frage der wechselseitigen Bindung an die Entscheidungen verschiedener Staatsorgane zu finden. Für den Bereich der Zivil- und Strafverfahren ist die Antwort auf diese Frage jedoch günstiger gelagert.[5]

Sowohl der Zivil- als auch der Strafprozess sind echte justizmäßige Verfahren, die mit einem hohen Standard an verfahrensrechtlichen Garantien ausgestattet sind. Beide Zweige enthalten ein detailliert geregeltes, effektives Rechtsmittelsystem. Zudem sind die Zivil- und Strafgerichte mit unabhängigen Berufsrichtern besetzt. Es liegen hier also viel weniger Bedenken vor, die ansonsten gegen eine wechselseitige Bindung sprechen würden. Aus diesem Grund hat der Gesetzgeber im Rahmen der großen österreichischen Prozessreform 1895 eine gesetzliche Regelung erlassen, in der ein Kompromiss zwischen Freiheit und Bindung des Richters gefunden wurde.[6]

Diese Regelung – § 268 ZPO[7] – enthielt folgenden Wortlaut: „*Wenn die Entscheidung von dem Beweise und der Zurechnung einer strafbaren Handlung abhängt, ist der Richter an den Inhalt einer hierüber ergangenen rechtskräftigen verurteilenden Erkenntnisses des Strafgerichtes gebunden.*"

Es handelte sich bei dieser Regelung um eine Bindungsvorschrift, welche es dem Zivilrichter ermöglichte, die Tatsachenfeststellungen des Strafrichters aus dem Strafprozess in den Zivilprozess zu übernehmen. Der Zweck dieser Bestimmung lag vor allem darin, die Möglichkeit voneinander abweichender Tatsachenfeststellung bei gleicher Sachlage auszuschalten und überflüssigen Prozessaufwand zu vermeiden, indem die Ergebnisse des Strafverfahrens, das angeblich mit höheren Wahrheitsgarantien ausgestattet ist, für den Zivilprozess nutzbar gemacht wurden.[8] Demnach sollte ein strafrechtliches Urteil keiner Überprüfung durch den Zivilrichter unterliegen. Dadurch wollte der Gesetzgeber vermeiden,

---

[5] *Fasching*, ZVR 1983, 321.

[6] *Fasching*, ZVR 1983, 321.

[7] Gesetz vom 1. August 1895, über das gerichtliche Verfahren in bürgerlichen Rechtsstreitigkeiten RGBl 1895/113; § 268 ZPO geht auf § 279 der Regierungsvorlage über die Civilprozessordnung aus 1893 zurück.

[8] Materialien zu den neuen österreichischen Civilprocessgesetzen I (1897), 298.

dass das Vertrauen in die Gerechtigkeit des strafgerichtlichen Urteils durch ein anders lautendes zivilrechtliches Urteil erschüttert wird.[9] Zudem wird dadurch ermöglicht, die Einheitlichkeit der Rechtsprechung in straf- und zivilrechtlichen Angelegenheiten zu wahren.[10]

Diese rechtspolitische Zielsetzung ging jedoch zu Lasten der freien Beweiswürdigung des Zivilrichters. Dies deshalb, weil dem Richter durch § 268 ZPO ein Beweisthemenverbot im Hinblick auf die Tatsachenfeststellungen im Strafurteil auferlegt wurde.[11] Wenn der Zivilrichter nämlich keine freie Beweiswürdigung vornehmen kann, dann führt das unter Umständen dazu, dass er ein (subjektiv) unrichtiges Urteil fällen muss, weil er nicht nach eigener Überzeugung urteilen darf.[12]

Somit ordnete der Gesetzgeber eine Bindung an, die zwar zu einem mit dem Strafurteil übereinstimmenden Zivilurteil führte, jedoch ein für den Zivilrichter unrichtiges Urteil in Kauf nahm. Begründet wurde dies mit dem Vertrauen der Rechtsunterworfenen in eine einheitliche Rechtsprechung. Der Gesetzgeber befürchtete hier nämlich die Offenlegung eines strafrechtlichen Fehlurteils durch ein anders lautendes Zivilurteil. Jedoch zog der Gesetzgeber hier nicht in Erwägung, dass die Rechtsunterworfenen lieber ein objektiv „richtiges" Urteil hätten als ein gesetzlich verpflichtendes Beharren auf einem Fehlurteil. Schließlich ist es ja gerade das Ergebnis eines Prozesses, das öffentlichkeitswirksam ist, und nicht der Weg dorthin.[13]

Ein solch unerwünschtes Ergebnis wurde jedoch auf „verurteilende" Straferkenntnisse beschränkt. Denn die Materialien sahen vor, dass das freie Beweiswürdigungsrecht des Zivilrichters gegenüber einem freisprechenden Straferkenntnis ungeschmälert fortbesteht. Dies deshalb, weil ein freisprechendes Erkenntnis nach der damaligen Strafprozessordnung nicht notwendigerweise mit der Entscheidung zusammenfallen musste, dass die der Anklage zugrunde liegenden Tatsachen unwahr oder unbewiesen waren.[14] Auch der OGH bejahte in weiterer Folge mehrmals ausdrücklich, dass das Zivilgericht bei einem Freispruch zu einer anderen, dem Strafgericht widersprechenden, Tatsachenfeststellung und Schlussfolgerung gelangen kann.[15]

---

[9] *Forgó-Feldner*, Die Bindung des Zivilrichters an strafgerichtliche Verurteilungen – Rückblick und Ausblick, ÖJZ 2005, 866 (867).

[10] *Forgó-Feldner*, ÖJZ 2005, 866.

[11] *Fasching*, Lehrbuch des österreichischen Zivilprozessrechts^2 (1990) Rz 864; *Rechberger/Simotta*, Grundriss des österreichischen Zivilprozessrechts^6 (2003) Rz 597.

[12] *Forgó-Feldner*, ÖJZ 2005, 867.

[13] *Forgó-Feldner*, ÖJZ 2005, 867.

[14] Siehe FN 8.

[15] RIS-Justiz RS0106015; zuletzt OGH 04.07.2018, 7 Ob 125/18k RdW 2018/540 = ZVers 2019, 32.

2.2 Anwendungsbereich des § 268 ZPO

In seinem Wortlaut differenzierte § 268 ZPO nicht danach, ob in einem späteren Zivilprozess die Position des Verurteilten oder einer dritten Person, der es im Strafprozess gar nicht möglich war, rechtliches Gehör zu finden, betroffen ist.[16]

Zunächst war der verfahrensrechtliche Grundsatz, dass niemand ohne rechtliches Gehör verurteilt werden darf, nur auf einfachgesetzlicher Ebene verankert.[17] Da § 268 ZPO jedoch ebenfalls auf einfachgesetzlicher Ebene verankert war, sah man diese Bindungsvorschrift zum damaligen Zeitpunkt noch als Ausnahme von diesem Grundsatz an.[18] Problematisch wurde es allerdings dann, als die EMRK[19] in den Verfassungsrang erhoben wurde. Art 6 EMRK normiert nämlich das Recht auf ein faires Verfahren und legt in seinem Abs 1 fest, dass jedermann Anspruch darauf hat, dass seine Sache in billiger Weise gehört wird. Der OGH beharrte in weiterer Folge dennoch darauf, dass die Bindungswirkung des § 268 ZPO auch dann greife, wenn die Wirkung des Strafurteils die Rechtsposition eines Dritten betreffe. Ein Verstoß gegen Art 6 EMRK liege laut OGH nicht vor.[20] Dies gelte sogar in jenen Fällen, in denen die im Zivilprozess durch die Feststellung des Strafurteils berührte Partei im Strafverfahren gar kein rechtliches Gehör finden konnte.[21]

In der Literatur ist diese Ansicht des OGH nachvollziehbar auf scharfe Kritik gestoßen.[22] Insb *Bauerreiss* äußerte sich kritisch zu dieser Ansicht.[23]

So meinte *Bauerreiss*, dass der österreichische Staat – seit der Erhebung der EMRK in den Verfassungsrang – dazu verpflichtet sei, seine Rechtsordnung auf ihre Übereinstimmung mit der

[16] *Forgó-Feldner*, ÖJZ 2005, 867 f.

[17] Vgl §§ 177 Abs 1 und 477 Abs 1 Z 4 und 5 ZPO.

[18] *Forgó-Feldner*, ÖJZ 2005, 868.

[19] Konvention zum Schutze der Menschenrechte und Grundfreiheiten vom 04.11.1950 BGBl 1958/210; seit dem BVG BGBl 1964/59 steht die EMRK in Verfassungsrang und gilt als Grundpfeiler der österreichischen Rechtsordnung (siehe OGH 26.04.1995, 3 Ob 42/95 SZ 68/83).

[20] RIS-Justiz RS0040235; Siehe zB auch OGH 24.11.1976, 1 Ob 755/76 RZ 1977/75 = ÖA 1977, 153 und OGH 01.02.1979, 7 Ob 4/79 SZ 52/17 = VersR 1981, 588.

[21] RIS-Justiz RS0039993; Siehe zB auch OGH 17.11.1981, 4 Ob 547/81 EvBl 1982/164 und OGH 26.06.1985, 3 Ob 577/85.

[22] Vgl *Fink*, Ist § 268 ZPO verfassungswidrig? Bemerkungen zum Gesetzesprüfungsantrag des OLG Innsbruck, ZVR 1989, 321 (mit einer ausführlichen Übersicht über den damaligen Meinungsstand 322 ff).

[23] *Bauerreiss*, § 268 ZPO und die Europäische Menschenrechtskonvention, ZVR 1974, 65.

EMRK zu überprüfen und gegebenenfalls ihren Bestimmungen anzupassen.[24] Problematisch sei hierbei vor allem die Vereinbarkeit des § 268 ZPO mit Art 6 EMRK.

Art 6 Abs 1 EMRK (in der aktuellen Fassung) lautet: „*Jedermann hat Anspruch darauf, daß seine Sache in billiger Weise öffentlich und innerhalb einer angemessenen Frist gehört wird, und zwar von einem unabhängigen und unparteiischen, auf Gesetz beruhenden Gericht, das über zivilrechtliche Ansprüche und Verpflichtungen oder über die Stichhaltigkeit der gegen ihn erhobenen strafrechtlichen Anklage zu entscheiden hat.*“

Demnach müssen vier Voraussetzungen erfüllt sein, damit ein gerichtliches Verfahren über zivilrechtliche Ansprüche und Verpflichtungen mit Art 6 Abs 1 EMRK vereinbar ist: Jedermann muss einen Anspruch darauf haben, dass **a)** seine Sache **b)** von einem unabhängigen und unparteiischen auf Gesetz beruhendem Gericht **c)** öffentlich und innerhalb einer angemessenen Frist **d)** in billiger Weise gehört wird.[25]

Bauerreiss untersuchte die Vereinbarkeit des § 268 ZPO mit Art 6 Abs 1 EMRK näher und sah das Problem der Vereinbarkeit vor allem darin, dass jedermann über „seine Sache“ und „in billiger Weise“ gehört werden müsse.[26]

Hinsichtlich der „Sache“ ist nach dem klaren Wortlaut des Art 6 Abs 1 EMRK die *ganze* Sache gemeint. Das bedeutet, dass die betroffene Partei das Recht hat, dem Gericht alle Einzelheiten ihrer Sache und ihren Prozessstandpunkt vorzubringen sowie alle zu dessen Unterstützung dienlichen rechtlichen und tatsächlichen Angaben machen und alle dazu erforderlichen Beweismittel anbieten kann. Daraus ergibt sich auch für das Gericht die Verpflichtung, die angebotenen Beweise insoweit zu überprüfen, als dies zur Beurteilung der ganzen Sache der betroffenen Prozesspartei notwendig ist. Wenn nun der Zivilrichter seiner Entscheidung aufgrund des § 268 ZPO das verurteilende Erkenntnis des Strafgerichtes zugrunde legen muss, so ist dies unproblematisch, wenn die betroffene Partei des Zivilverfahrens bereits im Strafprozess volle Parteistellung hatte. Denn dem Erfordernis, dass jedermann mit seiner ganzen Sache gehört wird, wird im österreichischen Recht auch dann entsprochen, wenn diese Anhörung zwischen Straf- und Zivilrichter geteilt wird. Diesem Erfordernis wird jedoch nicht mehr entsprochen, wenn das verurteilende Erkenntnis des Strafgerichtes in einem Strafprozess

---

[24] *Bauerreiss*, ZVR 1974, 65.

[25] *Bauerreiss*, ZVR 1974, 67.

[26] *Bauerreiss*, ZVR 1974, 68.

ergangen ist, an dem die betroffene Partei des Zivilverfahrens nicht beteiligt war. Denn in diesem Fall wird die Partei im Zivilprozess nicht mit ihrer ganzen Sache gehört.[27]

Das Erfordernis eines „in billiger Weise" geführten Gerichtsverfahrens ist hingegen dann erfüllt, wenn beide Prozessparteien Waffengleichheit und Chancengleichheit haben. Dieses Erfordernis wird natürlich dann verletzt, wenn der Zivilrichter seiner Entscheidung aufgrund des § 268 ZPO ein rechtskräftiges Straferkenntnis zugrunde legt, das gegen einen von den Prozessparteien verschiedenen Dritten ergangen ist, was häufig bei Verkehrsunfällen der Fall ist. Dadurch wird der belasteten Prozesspartei im Zivilprozess die Möglichkeit genommen, den Grund des geltend gemachten Anspruches entgegen dem verurteilenden Straferkenntnis zu bekämpfen, obwohl das Straferkenntnis in Abwesenheit der betroffenen Partei im Zivilprozess ergangen ist. Dass die betroffene Partei im Zivilprozess somit nicht „in billiger Weise" gehört werden kann, liegt auf der Hand.[28]

Bauerreiss kam daher letztendlich zur Schlussfolgerung, dass § 268 ZPO entsprechend geändert werden müsse, um mit Art 6 Abs 1 EMRK vereinbar zu sein.[29]

Dennoch wurde in stRsp daran festgehalten, dass einem verurteilenden Straferkenntnis auch gegenüber jedem Dritten Bindungswirkung zukomme, gegen den im Zusammenhang mit der dem Strafurteil zugrunde liegenden Handlung des Verurteilten Ansprüche geltend gemacht werden. Dabei entfalte das Straferkenntnis insoweit eine bindende Wirkung, als die strafbare Handlung erwiesen bzw einer bestimmten Person zuzurechnen sei und zusätzlich ein kausaler Zusammenhang zwischen der strafbaren Handlung und dem verursachten Schaden bestünde.[30] Der Zivilrichter müsse bei seiner Entscheidung von der Annahme ausgehen, dass der strafgerichtlich Verurteilte die Tat, die ihm zur Last gelegt wird, tatsächlich begangen hat. Als Tat seien dabei sowohl Handlungen als auch Unterlassungen zu verstehen, die nach dem Inhalt des Straferkenntnisses den Tatbestand derjenigen strafbaren Handlung (Unterlassung) darstellen, wegen der die Verurteilung erfolgte.[31] Die Bindung des Zivilrichters erstrecke sich auf jene im Straferkenntnis aufgenommene Tatsachen, die zur Individualisierung der Tat erforderlich sind[32]

---

[27] *Bauerreiss*, ZVR 1974, 68.

[28] *Bauerreiss*, ZVR 1974, 69.

[29] *Bauerreiss*, ZVR 1974, 70.

[30] *Forgó-Feldner*, ÖJZ 2005, 868; RIS-Justiz RS0040283; Siehe zB auch OGH 24.11.1976, 1 Ob 755/76 RZ 1977/75 = ÖA 1977, 153; OGH 01.02.1979, 7 Ob 4/79 SZ 52/17 = VersR 1981, 588 und OGH 01.09.1987, 5 Ob 573/85.

[31] *Forgó-Feldner*, ÖJZ 2005, 868; Siehe zB OGH 24.01.1968, 5 Ob 259/67 SZ 41/8 und OGH 27.10.1981, 5 Ob 697/81 EvBl 1982/70 = SZ 54/150.

[32] Siehe zB OGH 20.06.1985, 6 Ob 695/84.

– unabhängig davon, ob sie im Spruch oder in den Gründen des Strafurteils stehen.[33] Zwar seien nicht alle in der Begründung des Strafurteils enthaltenen Feststellungen für den Zivilrichter bindend. Jene Feststellungen aber, die mit dem Urteilsspruch in unmittelbarem Zusammenhang stünden, dürften nicht nochmals im Zivilprozess überprüft werden.[34]

Einige Entscheidungen sprachen von der „Bindung an die den Schuldspruch notwendigerweise begründenden Tatsachen, die in ihrer Gesamtheit den Straftatbestand ergeben"[35], andere wiederum von der Bindung an Feststellungen „insoweit, als die festgestellten Tatsachen für den zivilgerichtlichen ‚Urteilsbestand', also für den zur Subsumtion und Anspruchsgewinnung notwendigen Sachverhalt, erforderlich sind."[36]

2.3 Aufhebung des § 268 ZPO

Bis zum Jahre 1990 blieb § 268 ZPO in Kraft, weil sich bis dahin kein hierfür zuständiges Gericht veranlasst gesehen hat, ein Gesetzesprüfungsverfahren beim VfGH anzustrengen.[37] Erst danach leitete das OLG Innsbruck mit Beschluss[38] ein Gesetzesprüfungsverfahren gem Art 140 B-VG[39] beim VfGH ein. Dies deshalb, weil es § 268 ZPO anzuwenden gehabt hätte, aber schwerwiegende Bedenken aufgrund des in Art 6 Abs 1 EMRK verankerten Grundsatzes des rechtlichen Gehörs hatte.[40]

Im Folgenden wird daher näher beleuchtet wie der VfGH in seinem Erkenntnis[41] auf den Antrag des OLG Innsbruck reagierte:

Zunächst führte das OLG Innsbruck in seinem Antrag aus:

„Daß der Gesetzgeber eine Bindungswirkung des Straferkenntnisses gegenüber im Strafverfahren nicht vertretenen Parteien nicht gewollt habe, ist zumindest seit der durch die

[33] RIS-Justiz RS0040384; siehe zB OGH 03.04.1986, 8 Ob 538/85.

[34] OGH 25.05.1951, 2 Ob 324/51 SZ 24/148.

[35] Siehe zB OGH 01.09.1987, 5 Ob 573/85 ÖBA 1988, 1225 (*Avancini*).

[36] RIS-Justiz RS0040116; siehe auch OGH 17.11.1981, 4 Ob 547/81 EvBl 1982/164.

[37] *Forgó-Feldner*, ÖJZ 2005, 868.

[38] OLG 06.04.1989, 2 R 16/89.

[39] Bundes-Verfassungsgesetz BGBl 1930/1.

[40] Zum Gesetzesprüfungsantrag des OLG siehe das Erk VfGH 12.10.1990, G 73/89 VfSlg 12.504 = JBl 1991, 104; vgl auch die Kundmachung im BGBl 1990/706;

[41] VfGH 12.10.1990, G 73/89.

ZVN 1983 neu geschaffenen Bestimmung des § 281a ZPO[42] *auszuschließen, in der die Benützung von in einem anderen Verfahren aufgenommenen Beweisen unter anderem an die Voraussetzung geknüpft ist, daß die Parteien auch an dem anderen Verfahren beteiligt gewesen sind, während diese Voraussetzung für die Anwendbarkeit des - in seinen Folgen schwerer wiegenden - § 268 ZPO nicht normiert wird.*"

§ 281a ZPO (in der aktuellen Fassung) lautet: „*Ist über streitige Tatsachen bereits in einem gerichtlichen Verfahren ein Beweis aufgenommen worden, so kann das Protokoll hierüber oder ein schriftliches Sachverständigengutachten als Beweismittel verwendet und von einer neuerlichen Beweisaufnahme Abstand genommen werden, wenn*

1. *die Parteien an diesem gerichtlichen Verfahren beteiligt waren und*
   a) *nicht eine der Parteien ausdrücklich das Gegenteil beantragt oder*
   b) *das Beweismittel nicht mehr zur Verfügung steht;*
2. *die an diesem gerichtlichen Verfahren nicht beteiligt gewesenen Parteien dem ausdrücklich zustimmen.*"

Das OLG Innsbruck wollte damit ausdrücken, dass sich die Ansicht des Gesetzgebers im Hinblick auf die Bindung des Zivilrichters an Strafurteile mit der Normierung des § 281a ZPO geändert habe und diese Ansicht nun im Widerspruch mit dem ursprünglichen Zweck des § 268 ZPO stehe.

Sodann fuhr das OLG Innsbruck fort:

„*Eine Auslegung des § 268 ZPO im dem Sinne, daß diese Bestimmung nur auf Fälle anzuwenden sei, in denen die Prozeßparteien am Strafverfahren beteiligt waren, läßt der Wortlaut des § 268 ZPO, wie bereits ausgeführt, nicht zu. Auch eine Vertröstung der betroffenen Partei darauf, es wäre ihr freigestanden, sich dem Strafverfahren als Privatbeteiligter anzuschließen, vermag nicht zu überzeugen. Zum einen kommt es häufig - so wie im vorliegenden Falle - vor, daß die betroffene Partei des Zivilverfahrens nicht an einer Verurteilung des im Strafverfahren Beschuldigten interessiert ist, was Voraussetzung der Privatbeteiligung ist, sondern an einer Entlastung des Beschuldigten. Zum anderen ist einer Prozeßpartei, die - wie hier - nur über mehrere Umwege zur Haftung herangezogen werden kann, für gewöhnlich die Tatsache eines*

42 § 281a ZPO wurde später durch das BGBl I 1997/140 novelliert, indem eine Z 2 hinzugefügt wurde – seit dem 01.01.1998 ist die Möglichkeit der Beweisverwertung im Zivilprozess daher nicht mehr von der Beteiligung der Parteien am vorangegangenen Verfahren abhängig.

Strafverfahrens zu einer Zeit, zu welcher ein Beitritt als Privatbeteiligter in Betracht kommt, nicht bekannt."

Hier argumentiert das OLG Innsbruck zutreffend, dass die Privatbeteiligung aufgrund des entstehenden Interessenskonfliktes kein geeignetes Mittel sei, um das rechtliche Gehör in vollem Umfang im Strafprozess zu verwirklichen. Zudem kann einer später im Zivilprozess betroffenen Partei auch nicht zugemutet werden, über den früheren Strafprozess Kenntnis zu haben, zumal sie von dieser Straftat womöglich in keiner Weise direkt betroffen war.

Der VfGH holte in seinem Erkenntnis eine Stellungnahme der BReg ein, welche sich insb auf die Gründe in den Erläuterungen von 1893 – nämlich die Verhinderung verschiedener Entscheidungen bei identem Sachverhalt und die Hintanhaltung einer Mehrbelastung der Zivilgerichte – berufen hatte[43]:

„*Im übrigen ist die Regelung des § 268 ZPO für die Rechtspflege von wesentlicher Bedeutung: Sie soll - im Sinne der [...] Erläuternden Bemerkungen - vor allem sicherstellen, daß Feststellungen, die im Strafverfahren - in dem bekanntlich der Grundsatz der amtswegigen Wahrheitsforschung gilt - getroffen wurden, nicht in einem Verfahren in Frage gestellt werden können, für das dieser Grundsatz nicht gilt. Ihr Wegfall würde, abgesehen von einer erheblichen Mehrbelastung der Zivilgerichte, die Gefahr schwer verständlicher und damit das Ansehen der Justiz beeinträchtigender Entscheidungsdivergenzen mit sich bringen.*"

Die BReg befürwortete zudem in ihrer Stellungnahme die Möglichkeit einer verfassungskonformen Auslegung des § 268 ZPO dahingehend, dass die Bindung nur eintrete, wenn die Parteien im Strafverfahren rechtliches Gehör hatten.

Der VfGH folgte jedoch der Ansicht des OLG Innsbruck, wonach eine verfassungskonforme Auslegung des § 268 ZPO nicht möglich sei, und hob diese Bestimmung mit sofortiger Wirkung auf. Die Aufhebung wurde am 16.11.1990 im BGBl kundgemacht[44] und trat gem Art 140 Abs 5 B-VG mit diesem Tag in Kraft.

Die Ansicht des OGH konnte der VfGH in seinem Erkenntnis nicht teilen, weil sich der OGH in seiner Rsp auf rechtliche Argumente berief, die aus einer Zeit stammen, in welcher die EMRK noch keine solche Bedeutung wie heute erfahren hatte. So stützte sich der OGH insbesondere auf

---

[43] *Forgó-Feldner*, ÖJZ 2005, 869.

[44] BGBl 1990/706; vgl RIS-Justiz RS0040455.

ein Gutachten von *Fasching* aus dem Jahre 1967[45], welches behauptete, dass Art 6 EMRK kein unbeschränktes Sachvorbringen garantiere, weil ansonsten bereits die wechselseitige Bindung der Staatsorgane einen Verstoß gegen den Grundsatz des rechtlichen Gehörs bedeuten würde. Dieselbe Rechtsansicht vertrat *Fasching* auch in seinem damaligen Kommentar zur ZPO.[46] Jedoch erfuhr Art 6 EMRK im Laufe der Zeit eine bedeutende inhaltliche Wandlung, wie auch das hier besprochene Erkenntnis des VfGH erneut beweist. Auch *Fasching* ist angesichts dieser Wandlung von seiner früheren Rechtsansicht abgegangen und vertrat in weiterer Folge die gegenteilige Meinung, dass sich Art 6 EMRK zu einem prozessualen Grund- und Menschenrecht entwickelt habe. Aufgrund dessen sei die Verletzung des rechtlichen Gehörs durch eine Bindungsnorm nicht mehr tolerabel.[47] Auch der VfGH folgte hier dieser Ansicht.

Begründet hat der VfGH die Aufhebung letztendlich folgendermaßen:

„Daß eine solche Regelung in offenkundigem Widerspruch zu dem in Art 6 Abs 1 MRK jedermann gewährleisteten Recht steht, von einem unabhängigen und unparteiischen Gericht gehört zu werden, das über zivilrechtliche Ansprüche und Verpflichtungen zu entscheiden hat, bedarf keiner näheren Begründung. Wer den Beweis und die Zurechnung einer für die Entscheidung über seine Ansprüche und Verpflichtungen wesentlichen Handlung im zivilgerichtlichen Verfahren nicht in Frage stellen kann, weil das Gericht an die Entscheidung in einem andern (strafgerichtlichen) Verfahren gebunden ist, zu welchem er aus rechtlichen oder tatsächlichen Gründen keinen Zugang hatte, dessen Anspruch auf Gehör durch das seine Sache entscheidende unabhängige und unparteiische Gericht ist nicht erfüllt.“

Auf die Frage, ob § 268 ZPO nicht doch etwa verfassungskonform ausgelegt werden könne, ging der VfGH in seinem Erkenntnis zum Schluss noch einmal genauer ein und betonte:

„Zunächst könnte man den Umfang der Bindung weder aus dem Text noch aus dem Zweck des Gesetzes oder der Absicht des Gesetzgebers ableiten, weil sich aus all dem nur die uneingeschränkte Geltung ergibt. Die Grenze müßte allein aus Art 6 MRK abgeleitet werden. Vor allem bestehen aber erhebliche Zweifel, ob die mit einer unvollständigen Verwirklichung des Gesetzeszweckes verbundenen Auswirkungen vom - hypothetischen - Willen des Gesetzgebers überhaupt noch getragen würden. Tritt nämlich die Bindung in einer beachtlichen Zahl von Fällen nicht ein, so wird nicht nur das ursprüngliche Ziel der Bestimmung, eine ‚Überprüfung

[45] *Fasching*, Die Grenzen der Bindung des Zivilgerichtes an die Erkenntnisse des Strafgerichtes, GA zum 3. ÖJT I/1 (1967), 35 f.

[46] *Fasching* in *Fasching*, Kommentar zu den Zivilprozeßgesetzen III (1966), § 268 ZPO Rz 255 f.

[47] *Fasching*, ZVR 1983, 328; vgl auch *Fasching*, Lehrbuch Zivilprozessrecht² (1990) Rz 862.

des Strafprozesses durch den Civilrichter' zu vermeiden, nicht mehr erreicht; vielmehr wirft das Nebeneinander gebundener und nicht gebundener Beteiligter - etwa in Fällen des Rückgriffs oder der Haftung Dritter - eine Reihe von rechtspolitischen Fragen auf, die der Lösung durch den Gesetzgeber bedürfen. Eine allfällige Bindung des Zivilrichters an ein Strafurteil - zu welchem Zweck immer - im Einklang mit Art 6 MRK zu regeln und abzugrenzen, ist nicht Aufgabe des Verfassungsgerichtshofs oder der Strafgerichte, sondern des Gesetzgebers."

Der VfGH vertrat hier also die Ansicht, dass die verfassungskonforme Auslegung vor allem deshalb nicht möglich sei, da dies zu diesem Zeitpunkt nicht mehr vom „hypothetischen Willen" des Gesetzgebers getragen wäre. Schließlich würden sich hier eine Reihe von rechtspolitischen Fragen ergeben, die vom Gesetzgeber – und nicht vom VfGH – zu regeln und abzugrenzen seien. Dem VfGH fehle hier die entsprechende Kompetenz.

Entgegen der Ansicht des VfGH befürwortete *Fink* die Möglichkeit einer verfassungskonformen Auslegung. § 268 ZPO sei nämlich nicht isoliert zu interpretieren, sondern im Gesamtzusammenhang einer Verfahrensordnung, die dem Grundsatz des rechtlichen Gehörs stets einen hohen Stellenwert eingeräumt habe. Es sei daher naheliegend, dieses Grundprinzip auch der Interpretation solcher Bestimmungen zugrunde zu legen, die den Grundsatz des rechtlichen Gehörs nicht ausdrücklich in ihrem Wortlaut verankert haben. *Fink* war der Ansicht, dass es wenig überzeugend sei, sich auf entstehungsmäßig neuere Bestimmungen der ZPO (wie etwa § 281a ZPO) zu berufen, die dem Grundsatz des rechtlichen Gehörs ausdrücklich Geltung verschaffen, um anschließend für § 268 ZPO im Umkehrschluss zu folgern, dass der Gesetzgeber hier (mangels einer ausdrücklichen Anordnung) eine diesem Grundsatz entsprechende Einschränkung der Bindungswirkung nicht gewollt habe. Auch die vielbeschworene Entstehungsgeschichte des § 268 ZPO biete laut *Fink* keinen tragfähigen Einwand gegen eine verfassungskonforme Auslegung, weil den Materialien nicht entnommen werden könne, dass die Bindungswirkung von Straferkenntnissen Vorrang vor dem Grundsatz des rechtlichen Gehörs haben sollte.[48]

Fink meinte, dass nichts dagegenspreche, die Bindungswirkung des § 268 ZPO in Einklang mit dem Grundrecht auf rechtliches Gehör zu bringen. Die Bindung wirke sich dann bloß zum Nachteil solcher Personen aus, die im vorherigen Strafverfahren zu den im Zivilprozess bindenden Feststellungen rechtliches Gehör hatten. Das würde im Ergebnis bedeuten, dass die Bindung des § 268 ZPO nur die im vorangegangenen Strafverfahren verurteilte Person belasten

[48] *Fink*, ZVR 1989, 327.

würde.[49] Auch *Konecny* folgte dieser Ansicht von *Fink*.[50] Jedoch führte *Fink* letztendlich ins Treffen, dass „rechtshygienische" Gründe dafür sprechen würden, § 268 ZPO dennoch aufzuheben, zumal der OGH in stRsp ein Auslegungsergebnis erzielt habe, das mit Art 6 Abs 1 EMRK unvereinbar sei.[51] Dies wird wohl auch der VfGH bei seiner hier besprochenen Entscheidung im Sinn gehabt haben.

Zusammenfassend kann also gesagt werden, dass der VfGH mit diesem Erkenntnis der langjährigen Rsp des OGH iZm § 268 ZPO hinsichtlich des Widerspruchs zu Art 6 EMRK ein Ende bereitet hat.

2.3.1 Der Grundsatz des rechtlichen Gehörs nach Art 6 EMRK

Aufgrund der überragenden Bedeutung des Art 6 Abs 1 EMRK im Kontext dieser Diplomarbeit soll hier noch einmal in aller Kürze genauer auf den Inhalt dieser Bestimmung eingegangen werden.

Art 6 Abs 1 EMRK verankert in erster Linie auf verfassungsgesetzlicher Ebene das Grundrecht auf rechtliches Gehör. Unter dem rechtlichen Gehör versteht man, dass die Parteien im Zivilprozess Chancengleichheit haben. Diese Chancengleichheit wird zum einen dann verletzt, wenn einer Partei die Möglichkeit, sich im Verfahren zu äußern, überhaupt genommen wird, und zum anderen dann, wenn einer gerichtlichen Entscheidung Tatsachen und Beweisergebnisse zugrunde gelegt werden, zu denen sich eine beteiligte Partei nicht äußern konnte. Das Zivilgericht hat daher den Parteien jene Verfahrensvorgänge bekanntzugeben, die erkennbar für sie wesentliche Tatsachen betreffen, und ihnen darüber hinaus auch die Möglichkeit zu eröffnen, dazu Stellung zu nehmen.[52] Den Parteien muss ausreichend Gelegenheit zur Stellungnahme sowohl in tatsächlicher als auch in rechtlicher Hinsicht gegeben werden, sodass nicht eine Partei gegenüber einer anderen benachteiligt wird. Man spricht hier auch vom Prinzip der Waffengleichheit. Demnach muss der Betroffene sein Recht im Verfahren effektiv vertreten können.[53] Dies geschieht dadurch, dass den Parteien vom Richter das Recht gewährt wird, Tatsachen und Beweise vorzubringen, zu dem Vorbringen und den Anträgen des Gegners Stellung zu nehmen, ihre eigene Rechtsmeinung kundzutun sowie die Beweisergebnisse zu

[49] *Fink*, ZVR 1989, 328.

[50] *Konecny*, Versicherungen im Zivilprozess nicht mehr an verurteilende Straferkenntnisse gebunden! ecolex 1990, 737 (738).

[51] *Fink*, ZVR 1989, 328.

[52] RIS-Justiz RS0074920; zuletzt OGH 25.04.2018, 3 Ob 41/18b.

[53] RIS-Justiz RS0074990; zuletzt OGH 17.04.2002, 9 ObA 289/01t.

erörtern.[54] Die ZPO regelt die Gewährung des rechtlichen Gehörs zusätzlich als richterliche Pflicht. Demnach muss der Richter alle wesentliche Schriftsätze des Gegners, sämtliche gerichtliche Verfügungen und Entscheidungen sowie Ladungen zur mündlichen Verhandlung zustellen, die Vorträge der Parteien bei der Verhandlung anhören (§ 177 Abs 1 ZPO) und das Sach- und Rechtsvorbringen der Parteien mit ihnen erörtern (§ 182a ZPO). Sollte der Richter diese Pflichten verletzen, so hat diese Verletzung eine doppelte Nichtigkeitssanktion zur Folge (§ 477 Abs 1 Z 4 und 5 ZPO). Wenn der Verstoß gegen das rechtliche Gehör einer Partei außerdem dazu geführt hat, dass die Partei in dem Verfahren gar nicht (oder falls dies erforderlich gewesen wäre, nicht durch einen gesetzlichen Vertreter) vertreten war (§ 477 Abs 1 Z 5 ZPO), so kann dies auch noch mit einer Nichtigkeitsklage (§ 529 Abs 1 Z 2 ZPO) geltend gemacht werden.[55]

Zusammenfassend kann also gesagt werden, dass Art 6 Abs 1 EMRK und die ihm entsprechenden richterlichen Pflichten in der ZPO äußerst ernst zu nehmen sind, weshalb es nachvollziehbar ist, warum der VfGH den § 268 ZPO wegen Verfassungswidrigkeit aufgehoben hat.

2.4 Reaktionen in der Literatur

Nachdem § 268 ZPO vom VfGH aufgehoben wurde, stellte sich natürlich die Frage, inwieweit einer rechtskräftigen strafgerichtlichen Verurteilung im Zivilprozess noch Bedeutung zukäme. Daher wurde dieses Thema im Anschluss an die Aufhebung des § 268 ZPO vor allem in der Literatur intensiv diskutiert.

Im Folgenden soll daher darauf eingegangen werden, welche Stimmen sich in der Literatur gemeldet haben und welche Lösungsvorschläge sie für dieses Problem parat hatten:

Graff meinte zunächst, dass „legistische Vorkehrungen" nach der Aufhebung des § 268 ZPO nicht erforderlich seien und es bei dessen ersatzloser Aufhebung bleiben könne.[56] Eine Begründung dafür lieferte er aber nicht.

Klicka wies darauf hin, dass durch diese Entscheidung des VfGH dem Grundrecht auf rechtliches Gehör in deutlicher Weise Rechnung getragen wurde. Jedoch käme es dadurch für die Erstgerichte wohl auch zu einer erhöhten Arbeitsbelastung durch umfangreiche Beweisverfahren.[57]

---

[54] *Rechberger/Simotta*, Zivilprozessrecht[9] Rz 482.

[55] *Rechberger/Simotta*, Zivilprozessrecht[9] Rz 483.

[56] *Graff*, AnwBl 1990, 736 (EAnm).

[57] *Klicka*, Bindung an Strafurteile vom VfGH aufgehoben! JAP 1990/91, 103.

Konecny argumentierte, dass die Tatsachenfeststellungen in verurteilenden Straferkenntnissen künftig in Zivilprozessen unbeachtlich seien und die ihnen zugrunde liegenden Beweisaufnahmen zu wiederholen seien. Auch ein Rückgriff auf die Rechtskraftwirkung von Strafentscheidungen könne dies seiner Meinung nach nicht überspielen. Dies deshalb, weil diese Rechtskraftwirkung im Zivilprozess wegen des dort einzuräumenden rechtlichen Gehörs unbeachtlich bliebe, sofern nicht alle betroffenen Personen bereits am vorherigen Strafverfahren beteiligt waren. Die Zivilgerichte müssten daher sämtliche Tatumstände, die bereits im Strafverfahren festgestellt wurden, zum erneuten Gegenstand des Beweisverfahrens machen. Nur dann, wenn der Kläger (als Privatankläger oder Privatbeteiligter) und der Beklagte (als Beschuldigter) am vorherigen Strafverfahren beteiligt waren, könne das Zivilgericht anregen, die dort aufgenommenen Beweise gem § 281a ZPO durch die Verlesung der Protokolle und Gutachten zu wiederholen. Der Beklagte könne dies aber jederzeit durch Verweigerung seiner Zustimmung verhindern, weil er unter Umständen ein Interesse daran haben könnte, im Zivilverfahren günstigere Feststellungen zu erreichen.[58]

Darüber hinaus bietet *Konecny* zwei Möglichkeiten für eine Neuregelung des § 268 ZPO an[59]: Zum einen könnte der Beteiligtenkreis im Strafverfahren erweitert und mit einer erneuten Bindung der Zivilgerichte kombiniert werden. Der Nachteil dabei wäre allerdings, dass alle potentiellen Parteien der nachfolgenden Zivilprozesse, in denen das Strafurteil maßgeblich werden könnte, von Amts wegen dem Strafverfahren beizuziehen wären und auch Gelegenheit erhalten müssten, an diesem zumindest in parteigleicher Stellung teilzunehmen.[60] Würden Dritte übersehen werden, dürften sie im nachfolgenden Zivilprozess wiederum nicht an das Strafurteil gebunden werden, womit der gesamte vorherige Prozessaufwand umsonst wäre. Die andere Möglichkeit bestünde darin, eine Beweisregelung in der ZPO zu schaffen, die es dem Zivilrichter ermöglicht, die Ergebnisse des Strafverfahrens als Beweise für den Zivilprozess nutzbar zu machen. Dies könnte man auf zwei verschiedene Arten bewerkstelligen: Zum einen könnte man die in Strafurteilen festgestellten Tatsachen mit einer widerlegbaren Wahrheitsvermutung versehen, sodass dem Zivilrichter die Möglichkeit bliebe, bei entsprechender Überzeugung auch eine dem Strafurteil widersprechende Entscheidung zu treffen. Zum anderen könnte § 281a ZPO

[58] *Konecny*, ecolex 1990, 737.

[59] *Konecny*, ecolex 1990, 738.

[60] Vgl § 62 Abs 1 ASGG (Bundesgesetzgesetz vom 7. März 1985 über die Arbeits- und Sozialgerichtsbarkeit BGBl 1985/104).

auf an vorhergehenden Strafverfahren Unbeteiligte erweitert werden, wobei dies jedoch eine erhebliche Aufweichung des Unmittelbarkeitsgrundsatzes bedeuten würde.[61]

Abschließend hält er (wie auch *Klicka* zuvor) fest, dass die Aufhebung des § 268 ZPO zwar eine Verbesserung des rechtlichen Gehörs und eine Stärkung der Unmittelbarkeit im Zivilprozess bewirke, jedoch insb für Zivilrichter, bei denen zahlreiche Verkehrsunfallprozesse anfallen, mit einer erheblichen Mehrbelastung verbunden sei.[62]

Sehr viel ausführlicher meldete sich *Simotta* zu Wort. Die Bedeutung einer rechtskräftigen strafgerichtlichen Verurteilung für den Zivilprozess liege vor allem darin, dass derselbe Tatbestand, der bereits Gegenstand einer vorherigen strafgerichtlichen Verurteilung war, ganz oder zum Teil die Grundlage für ein späteres zivilgerichtliches Urteil bilde. Demnach unterscheidet *Simotta* drei unterschiedliche Gruppen, je nachdem, in welchem Verhältnis die zivilrechtlichen und strafrechtlichen Tatbestände zueinanderstehen.[63]

Die erste Gruppe umfasst jene Fälle, in denen eine konkrete strafbare Handlung bestimmte zivilrechtliche Folgen nach sich zieht, wobei aber die strafrechtliche Qualifikation der Handlung nicht unbedingt erforderlich ist, um die zivilrechtlichen Folgen herbeizuführen. Als Beispiel führt *Simotta* hier etwa die Haftung für Körperverletzungen und Sachbeschädigungen an.[64] Ob es sich im strafrechtlichen Sinn um eine *schwere* Körperverletzung oder eine *schwere* Sachbeschädigung (also um eine strafrechtliche Qualifikation) handelt, ändert demnach nichts an den zivilrechtlichen Folgen der Haftung im anschließenden Zivilprozess.

Die zweite Gruppe beinhaltet jene Fälle, in denen das Zivilrecht an einen Straftatbestand zivilrechtliche Wirkungen knüpft, ohne aber die strafgerichtliche Verurteilung zu fordern. *Simotta* führt auch hier mehrere Beispiele an, etwa die Erbunwürdigkeit, die an die bloße Begehung einer gerichtlich strafbaren Handlung, die nur vorsätzlich begangen werden kann und die mit mehr als einjähriger Freiheitsstrafe bedroht ist, geknüpft ist (§ 540 ABGB[65]); ebenso die dreißigjährige Verjährungsfrist für Schadenersatzklagen aus einer derartigen Handlung (§ 1489

---

[61] So bereits *Fasching*, GA zum 3. ÖJT I/1 (1967), 52; zustimmend auch *Fink*, ZVR 1989, 329 (mit der Einschränkung, dass eine Vermutung nur zum Nachteil eines am Strafverfahren Beteiligten wirken dürfe).

[62] *Konecny*, ecolex 1990, 738.

[63] *Simotta*, Die Bedeutung einer strafgerichtlichen Verurteilung für den Zivilprozeß nach Aufhebung des § 268 ZPO, NZ 1991, 75.

[64] *Simotta*, NZ 1991, 75 f.

[65] Allgemeines bürgerliches Gesetzbuch für die gesammten deutschen Erbländer der Oesterreichischen Monarchie JGS 1811/946.

zweiter Satz ABGB).[66] Der Täter muss also nicht aufgrund dieser Straftat verurteilt worden sein, sondern es reicht die bloße Begehung der Straftat aus, um die zivilrechtlichen Wirkungen auszulösen.

Die dritte Gruppe umfasst jene Fälle, in denen das Zivilrecht bestimmte Wirkungen an das Vorliegen bzw Nicht-Vorliegen einer strafgerichtlichen Verurteilung knüpft. Als Beispiel sei hier etwa § 768 Z 3 ABGB angeführt, wonach ein Kind rechtmäßig enterbt werden kann, wenn es wegen einer oder mehrerer mit Vorsatz begangener strafbarer Handlungen zu einer lebenslangen oder zwanzigjährigen Freiheitsstrafe verurteilt worden ist.[67] Hier ist also zu beachten, dass die bloße Begehung der Straftat nicht ausreicht, sondern eine Verurteilung aufgrund der Begehung der Straftat erforderlich ist, damit dies zivilrechtliche Wirkungen entfalten kann.

Hinsichtlich der ersten Gruppe, die in der Praxis am häufigsten vorkommt und daher an dieser Stelle zuerst besprochen werden soll, unterscheidet man weiters danach, wer am vorherigen Strafverfahren in welcher rechtlichen Qualität Parteistellung hatte.

Nach dem bereits oben ausführlich besprochenen Erkenntnis des VfGH[68] hängt die Frage, ob ein Zivilrichter an das verurteilende Erkenntnis eines Strafrichters gebunden ist, davon ab, ob die Parteien im Zivilprozess auch im vorherigen Strafverfahren Parteienstellung hatten oder nicht. Des Weiteren hängt auch die Frage, ob die Beweisergebnisse des Strafverfahrens[69] im Zivilprozess verwertet werden können gem § 281a ZPO davon ab, ob die Parteien im Zivilprozess mit den Parteien im vorherigen Strafverfahren ident sind. Ob ein rechtskräftiges Strafurteil also Bindungswirkung in einem nachfolgenden Zivilprozess entfaltet, hängt davon ab, wer das Strafverfahren eingeleitet hat und wer an diesem beteiligt war.[70]

Wenn nicht beide Parteien des Zivilprozesses im vorherigen Strafverfahren Parteistellung und damit rechtliches Gehör hatten, kann (nach dem Erkenntnis des VfGH) eine Bindung des Zivilrichters an die rechtskräftige Verurteilung der beklagten Partei überhaupt nicht in Betracht kommen. Darüber hinaus ist es mangels Beteiligung beider Parteien des Zivilprozesses am vorherigen Strafprozess gem § 281a ZPO gänzlich ausgeschlossen, dass die im Strafverfahren

---

[66] *Simotta*, NZ 1991, 76.

[67] *Simotta*, NZ 1991, 76.

[68] VfGH 12.10.1990, G 73/89.

[69] Da § 281 a ZPO von gerichtlichen und nicht von zivilgerichtlichen Verfahren spricht, können, wie bereits aus den EB zur ZVN 1983 (669 BlgNR 15. GP 54) hervorgeht, auch die Beweisergebnisse aus einem Strafverfahren im nachfolgenden Zivilverfahren verwertet werden.

[70] *Simotta*, NZ 1991, 76.

gewonnenen Beweisergebnisse durch Protokoll- oder Gutachtenverlesung in den Zivilprozess übernommen werden – es sei denn, dass ein im Strafverfahren verwendetes Beweismittel nicht mehr zur Verfügung steht. Der Zivilrichter müsste hier also die strafrechtliche Vorfrage neu beurteilen und alle Beweise über die strafbare Handlung noch einmal aufnehmen.[71]

Simotta geht auch insb auf die möglichen Auswirkungen einer Privatbeteiligung auf den nachfolgenden Zivilprozess ein. Stehen sich im Zivilprozess der im Strafverfahren Verurteilte sowie der Privatbeteiligte als Parteien gegenüber, so könnte man meinen, dass eine Bindungswirkung des Zivilrichters an den Schuldspruch in Erwägung gezogen werden könne, da beide Parteien im Strafprozess bereits rechtliches Gehör hatten. Dies setze allerdings voraus, dass man wie *Nowakowski*[72] und *Sachers*[73] die Ansicht vertritt, dass dem Schuldspruch eine Feststellungswirkung zukomme, dh dass der Schuldspruch die verantwortliche Begehung der Tat durch den Verurteilten bindend feststelle (dazu später mehr). Die prozessuale Stellung des Privatbeteiligten (geregelt in § 67 StPO[74]) ist jedoch um ein Vielfaches schwächer als jene des Verurteilten oder des Anklägers, zumal der Privatbeteiligte nur den Ausspruch über seine privatrechtlichen Ansprüche bekämpfen kann, niemals aber den Freispruch oder die Verurteilung des Angeklagten. Der Privatbeteiligte hat daher nur sehr geringe Möglichkeiten, darauf Einfluss zu nehmen, ob der Angeklagte verurteilt wird oder nicht (etwa im Rahmen seines Beweisantragsrechts). Man kann hier also nicht von Waffengleichheit sprechen, weil die Stellung des Privatbeteiligten zur Wahrung des rechtlichen Gehörs nicht ausreicht. Aus diesem Grund würde eine Bindung des Zivilrichters an das Strafurteil in diesem Fall gegen Art 6 EMRK verstoßen.[75] Weil aber beide Parteien des Zivilprozesses bereits am vorherigen Strafverfahren beteiligt waren, kann der Richter, sofern nicht eine der Parteien ausdrücklich eine neuerliche Beweisaufnahme beantragt, gem § 281a ZPO die bereits im Strafprozess aufgenommenen Beweise (Protokolle und Sachverständigengutachten) verlesen. Dies widerspricht auch nicht dem Grundsatz des beiderseitigen rechtlichen Gehörs, weil die Stellung als Privatbeteiligter im Strafverfahren hier ausreicht, um das rechtliche Gehör wahren zu können. Dies deshalb, weil der ehemalige Privatbeteiligte im nachfolgenden Zivilprozess einfach eine neuerliche Beweisaufnahme beantragen kann, da eine Bindung an das verurteilende Straferkenntnis ja nicht

---

[71] *Simotta*, NZ 1991, 76.

[72] *Nowakowski*, Die materielle Rechtskraft des Schuldspruchs, ÖJZ 1948, 546.

[73] *Sachers*, Strafurteil und Zivilprozeß - Grenzen der Wirkung des Strafurteiles gemäß § 268 der Zivilprozeßordnung , in FS Rittler (1957) 353.

[74] Strafprozeßordnung 1975 BGBl 1975/631.

[75] *Simotta*, NZ 1991, 76 f.

vorliegt. Mit dieser neuerlichen Beweisaufnahme erhält der ehemalige Privatbeteiligte die Möglichkeit seinen Prozessstandpunkt darzulegen, dadurch auf die Entscheidung des Zivilrichters einzuwirken und somit (nachträglich) noch Gehör zu erlangen. Darüber hinaus macht es für die Frage nach der Bindungswirkung auch keinen Unterschied, ob die Möglichkeit der Privatbeteiligung bestanden hätte oder nicht, weil aus § 67 StPO indirekt hervorgeht, dass keine Pflicht des Geschädigten zur Privatbeteiligung im Strafverfahren besteht. Mangels einer solchen Pflicht kann also dem Geschädigten auch nicht entgegengehalten werden, dass er durch eine Privatbeteiligung die Möglichkeit zur Einflussnahme auf das Strafverfahren gehabt hätte und damit sein rechtliches Gehör hätte wahren können.[76]

Im Weiteren geht *Simotta* auch auf die Stellung des Privatanklägers ein. Eine etwaige Bindung der Parteien im Zivilprozess an das Ergebnis des Strafverfahrens hängt (sofern Parteienidentität besteht) wie bereits besprochen von der Qualität des rechtlichen Gehörs der beiden Parteien im vorherigen Strafverfahren ab. Da der Privatankläger im Wesentlichen dieselben Rechte wie der Staatsanwalt und damit volle Parteirechte im Strafverfahren hat, kann man eine Bindung des Zivilrichters an das verurteilende Straferkenntnis hier bejahen – vorausgesetzt, man billigt dem Schuldspruch eine Feststellungswirkung zu.[77]

Die von *Simotta* angesprochene zweite und dritte Gruppe ähneln sich insofern, als beide Gruppen lediglich verschiedene Ausflüsse der Tatbestandswirkung sind. Unter der Tatbestandswirkung versteht man, dass das Gesetz eine bestimmte Rechtsfolge ausdrücklich an das Vorliegen eines Urteils bestimmten Inhalts anknüpft oder, dass die von einem Urteil bewirkte Änderung der Rechtslage den Tatbestand einer anderen Norm des Privatrechts erfüllt.[78] Die Tatbestandswirkung eines Urteils erstreckt sich auch auf nicht am vorangegangenen Strafverfahren beteiligte Dritte. Gegen eine derartige Tatbestandswirkung könnten sich jedoch Bedenken vom Standpunkt des rechtlichen Gehörs aus ergeben, weil der VfGH in seinem (oben besprochenen) Erkenntnis ausgesprochen hat, dass es nur unter besonderen Umständen zulässig sei, bestimmte Rechtsfolgen aus gerichtlichen Entscheidungen abzuleiten, die unter Ausschluss der von diesen Folgen Betroffenen ergangen seien. Ob die Tatbestandswirkung einen solchen besonderen Umstand darstellt, ist allerdings unklar. Der OGH hat jedoch in einer Entscheidung[79], welche die Tatbestandswirkung nach § 8 AnfO[80] betrifft, ausgesprochen, dass

[76] *Simotta*, NZ 1991, 77 f.

[77] *Simotta*, NZ 1991, 79.

[78] *Rechberger/Simotta*, Zivilprozessrecht[9] Rz 988; vgl bereits damals *Fasching*, Lehrbuch[2], Rz 1565, der anschaulich davon sprach, dass das Urteil den Bestandteil eines weiteren gesetzlichen Tatbestandes bildet.

[79] OGH 17.01.1990, 1 Ob 694/89 JBl 1990, 662 = SZ 63/4 = EvBl 1990/89.

ein von der Entscheidung Betroffener, der am vorangegangenen Verfahren unbeteiligt war, die Richtigkeit der urteilsmäßigen Entscheidung des Vorstreites und die Rechtsbeziehungen der damaligen Streitteile neu überprüfen lassen kann, soweit sie für den Rechtsstreit erheblich sind. Folgt man dieser Ansicht des OGH, so wird der im Strafprozess nicht Gehörte in jenen Fällen, in denen das Strafurteil Tatbestandswirkung entfaltet, alle zivilprozessual relevanten Einwendungen gegen die Verurteilung im Strafprozess erheben können.[81]

Zusammenfassend kann also gesagt werden, dass ein präjudiziell verurteilendes Straferkenntnis für den Zivilrichter nach Auffassung von *Simotta* nur noch dann von Bedeutung sei, wenn beide Parteien des Zivilprozesses bereits im vorangegangenen Strafverfahren eine ähnliche Rechtsstellung hatten oder wenn das Zivilrecht dem Strafurteil Tatbestandswirkung verleiht (etwa in den Fällen der §§ 540, 548, 1210, 1328, 1331, 1489 ABGB).[82]

Abschließend untersuchte *Simotta* noch, ob eine Neuregelung des § 268 ZPO erforderlich sei. Zunächst kam sie (wie bereits *Klicka* weiter oben[83]) zum Schluss, dass es zu einer erheblichen Mehrbelastung von Zivilrichtern kommen wird, bei denen Schadenersatz- und Regressprozesse anfallen, die aus einer strafbaren Handlung (insb aus einem Verkehrsdelikt) resultieren. Dies deshalb, weil Schadenersatz- und Regressprozesse nach einem Verkehrsunfall bereits unter der Geltung des § 268 ZPO als besonders langwierig galten, vor allem, wenn eine Versicherung an derartigen Prozessen beteiligt war. Aus diesem Grund kommt *Simotta* zum Ergebnis, dass eine Neuregelung des § 268 ZPO wünschenswert sei, damit die betroffenen Zivilrichter die Möglichkeit haben, die Beweisergebnisse des vorangegangenen Strafverfahrens im nachfolgenden Zivilprozess zu nutzen.[84]

Ihres Erachtens sprechen vier Argumente für eine Neuregelung[85]:

1) Zunächst einmal sei das Strafverfahren allgemein zeitlich näher am Tatsachengeschehen als das zivilgerichtliche Verfahren. Im Strafverfahren wird das Gedächtnis der Zeugen vermutlich noch besser sein als im späteren Zivilprozess.

2) Des Weiteren führt sie den Verschleiß der Beweismittel an: Demnach würden Beweismittel mit jedem weiteren Gebrauch unzuverlässiger, weil sie immer mehr „verbraucht" werden.

---

[80] Anfechtungsordnung RGBl 1914/337.

[81] *Simotta*, NZ 1991, 79.

[82] *Simotta*, NZ 1991, 80.

[83] *Klicka*, JAP 1990/91, 103.

[84] *Simotta*, NZ 1991, 80.

[85] *Simotta*, NZ 1991, 80 f.

3) An dritter Stelle spricht sie die durch die Wiederholung der Zeugenbeweise bewirkte Zeugenunwilligkeit an. Der Richter müsse sich voraussichtlich des Öfteren von einem verärgerten Zeugen anhören, dass er seine Aussage schon vor der Polizei und in der Hauptverhandlung mehrmals getätigt habe.

4) Und schließlich führt sie viertens die ihrer Meinung nach wichtigsten Gründe an: nämlich die prozessökonomischen Gründe. Denn die neuerliche Beweisaufnahme verursache den Parteien zusätzliche Kosten und den Richtern zusätzliche Arbeit. Zudem können diese verursachten Kosten mitunter sehr hoch sein.

Hinsichtlich der Frage, welche Möglichkeiten es gäbe, um die Beweisergebnisse des Strafprozesses für den Zivilprozess nutzbar zu machen, bot sie mehrere Lösungsvorschläge an. Einige von diesen Lösungsvorschlägen wurden bereits weiter oben von *Konecny* ins Treffen geführt[86], sollen hier jedoch erneut besprochen werden, weil *Simotta* ausführlicher auf sie eingeht.

Eine Lösung bestünde darin, dem Strafurteil den Rang eines Beweismittels für den Beweis und die Zurechnung der strafbaren Handlung zu verleihen, dabei aber den Gegenbeweis der Unrichtigkeit der strafurteilsmäßig festgestellten Tatsachen zuzulassen.[87] *Fink* hat hierbei eine Einschränkung der Beweisvermutung vorgeschlagen, wonach diese nur zum Nachteil eines am Strafverfahren Beteiligten wirken dürfe. Dies deshalb, weil durch die Beweislastumkehr derjenige, der am Strafverfahren nicht beteiligt war, schlechter gestellt werden würde als jener, der daran beteiligt war.[88] Dies würde nach Ansicht von *Simotta* einen Verstoß gegen das beiderseitige rechtliche Gehör darstellen, weil der am Strafverfahren Beteiligte schon auf die Strafentscheidung Einfluss nehmen konnte, während derjenige, der nicht daran beteiligt war, nicht die geringste Möglichkeit der Einflussnahme auf den Ausgang des Strafprozesses hatte. Dieser müsse daher das Strafurteil insofern gegen sich gelten lassen, als er dessen Unrichtigkeit (und nicht die Richtigkeit seiner eigenen Behauptungen) beweisen muss. Der Beweis der Unrichtigkeit des Strafurteils wird aber idR schwieriger sein als jener dafür, dass der Verurteilte die strafbare Handlung begangen hat. Außerdem wird, wenn jemand die Unrichtigkeit der Strafentscheidung behauptet, die am Strafverfahren bereits beteiligt gewesene Partei zur Frage,

---

86 Siehe FN 59.

87 Vgl *Fasching*, GA zum 3. ÖJT I/1 (1967), 52 f.

88 *Fink*, ZVR 1989, 329; *Simotta*, NZ 1991, 81; vgl auch *Simotta*, Ein Nachfolger für § 268 ZPO? ecolex 1991, 521 (522 f).

ob der Verurteilte die strafbare Handlung begangen hat oder nicht, zweimal, die andere (nicht am Strafverfahren beteiligte) Partei dagegen nur einmal gehört.[89]

Eine andere Lösung wäre die Erweiterung des Beteiligtenkreises im Strafverfahren, also die Schaffung einer Einrichtung im Strafprozess, welche der streitgenössischen Nebenintervention im Zivilprozess ähnelt. In diesem Fall müssten alle Personen, die durch den Ausgang des Strafverfahrens in ihrer zivilrechtlichen Rechtsposition berührt werden könnten – am Beispiel eines Verkehrsunfalls könnten dies etwa Sozialversicherungsträger des Verletzten, Versicherungen, Halter des den Unfall verursachenden Fahrzeuges, Arbeitgeber des Angeklagten usw sein – von Amts wegen dem Strafverfahren hinzugezogen werden. Das verurteilende Straferkenntnis hätte dann gegenüber den am Strafprozess beteiligt gewesenen Parteien bindende Wirkung. Würde man jedoch alle denkbar betroffenen Personen mit parteigleicher Stellung am Strafprozess beteiligen, so würde dies zu einer erheblichen Komplizierung und Verzögerung des Strafprozesses führen. Zudem wäre die Wahrscheinlichkeit groß, dass man Dritte übersehen würde, die dann im nachfolgenden Zivilprozess wiederum nicht an die Strafentscheidung gebunden werden dürften.[90] Aus diesem Grund ist dieser Lösungsvorschlag abzulehnen.

Als weiteren Lösungsvorschlag bot *Simotta* (wie auch bereits *Konecny* weiter oben) die Erweiterung des Anwendungsbereiches des § 281a ZPO auch auf am vorhergehenden Strafverfahren nicht beteiligte Parteien des Zivilprozesses an.[91] Dies wäre jedoch nicht von allzu großer Bedeutung gewesen, zumal die Partei, zu deren Lasten sich das Strafurteil zivilrechtlich auswirken könnte, von dem ihr in § 281a ZPO (in der damaligen Fassung) eingeräumten Antragsrecht auf neuerliche Beweisaufnahme Gebrauch machen würde.[92]

Darüber hinaus schlug *Simotta* vor, die Bindung an verurteilende Straferkenntnisse insofern neu zu regeln, als eine Bindung nur gegenüber jenen Personen eintreten soll, die im Strafprozess volle Parteirechte hatten. Somit käme es nur zu einer partiellen Bindung an das Strafurteil. Diese würde auch eintreten, wenn keine Parteienidentität im Hinblick auf die am Straf- und Zivilverfahren beteiligten Personen bestehen würde. Die nicht am Strafverfahren beteiligt gewesenen Personen hätten somit im nachfolgenden Zivilprozess die Möglichkeit, die im Strafverfahren erfolgte Verurteilung zu bestreiten, um ihr rechtliches Gehör zu wahren. Die

[89] Siehe FN 47 bei *Simotta*, NZ 1991, 81.

[90] *Simotta*, NZ 1991, 81.

[91] Zu beachten ist hier, wie bereits in FN 42 näher ausgeführt, dass § 281a ZPO erst zu einem späteren Zeitpunkt novelliert wurde und die Z 2 zum damaligen Zeitpunkt noch fehlte, weshalb die genannten Autoren den eben besprochenen Lösungsvorschlag noch ins Treffen führten.

[92] *Simotta*, NZ 1991, 81 f; vgl auch *Simotta*, ecolex 1991, 523.

Parteien des Strafverfahrens dürften hingegen nichts mehr vorbringen, was der Verurteilung widersprechen würde, weil sie bereits im Strafverfahren angehört wurden und daher mit ihrem Vorbringen im Zivilprozess präkludiert seien. Mit diesem Lösungsansatz käme man praktisch zu jenem Ergebnis, das sich bereits mit einer verfassungskonformen Auslegung des § 268 ZPO hätte erzielen lassen können (sofern der VfGH eine solche verfassungskonforme Auslegung zugelassen hätte).[93]

Als letztes Argument führt *Simotta* ins Treffen, dass der österreichische Gesetzgeber das Adhäsionsverfahren[94] ausbauen könnte, um eine neuerliche Aufnahme der bereits im Strafverfahren durchgeführten Beweise zu vermeiden. Dafür würde vor allem die Prozessökonomie sprechen. Schließlich könnte man dadurch zweimalige Verfahren sowie zweimalige Beweisaufnahmen vermeiden und dadurch entstehende Kosten verringern. Zudem käme der Geschädigte schneller zu seinem Recht. Allerdings würde sich dadurch das Strafverfahren höchstwahrscheinlich unnötig in die Länge ziehen, weil sich die Durchsetzung des Strafanspruches durch die zusätzlichen Beweisaufnahmen verzögern würden.[95] Aus diesem Grund ist auch dieser Lösungsansatz abzulehnen.

Abschließend kann festgehalten werden, dass es mehrere Möglichkeiten gibt, um doppelte Beweisaufnahmen durch das Straf- und Zivilgericht zu vermeiden, wobei jede der genannten Möglichkeiten gewisse Vorteile, aber auch verschiedene Nachteile mit sich bringt. *Simotta* befürwortet die von *Fink* vorgeschlagene Lösung[96] und die partielle Bindung zu Lasten der Partei, die im Strafverfahren bereits volles rechtliches Gehör hatte, weil diese beiden Lösungsvorschläge ihrer Ansicht nach die praktikabelsten seien. Die Erweiterung des Beteiligtenkreises im Strafverfahren sowie die Ausweitung des Adhäsionsverfahrens lehnt sie eher ab, weil diese zu einer erheblichen Komplizierung des Strafverfahrens führen würden. Auch die Ausweitung des Anwendungsbereiches des § 281a ZPO auf am Strafverfahren nicht Beteiligte hält sie für nicht zielführend, weil der dadurch angestrebte Effekt durch den Antrag auf neuerliche Beweisaufnahme ganz leicht unterlaufen werden könne.[97]

---

[93] *Simotta*, NZ 1991, 82; vgl auch *Simotta*, ecolex 1991, 523.

[94] Im Adhäsions- oder auch Anschlussverfahren können zivilrechtliche Ansprüche, die aus einer Straftat erwachsen, direkt im Strafprozess geltend gemacht werden. Dadurch erspart man sich unter Umständen die Geltendmachung in einem separaten zivilgerichtlichen Verfahren. Dies geschieht dadurch, dass man sich dem Strafverfahren als Privatbeteiligter anschließt (§§ 67, 69, 245 Abs 1a, 366 ff StPO); vgl *Rechberger/Simotta*, Zivilprozessrecht[9] Rz 244.

[95] *Simotta*, NZ 1991, 82.

[96] Siehe FN 88.

[97] *Simotta*, NZ 1991, 83.

Auch *Graff* meldete sich später noch einmal mit einem eigenen Lösungsvorschlag zu Wort. Er betonte, dass das Strafurteil eine öffentliche Urkunde sei, die im Zivilprozess gem § 292 Abs 1 ZPO vollen Beweis über die darin enthaltenen Tatsachen begründe. Seiner Ansicht nach stelle das Strafurteil nicht nur den Beweis für die Verurteilung des Betroffenen dar, sondern gleichzeitig auch den Beweis, dass der Verurteilte die ihm angelastete Tat mit den die Strafe bestimmenden Merkmalen tatsächlich begangen habe. Der Gegenbeweis sei jedoch gem § 292 Abs 2 ZPO zulässig.[98] Damit versuchte er dem Strafurteil über eine zivilprozessuale Beweisvorschrift eine widerlegbare Bindungswirkung im nachfolgenden Zivilverfahren zukommen zu lassen.

Schließlich nahm auch noch *Steininger* Stellung zu den Konsequenzen der Aufhebung des § 268 ZPO. Er lehnt jede Bindungswirkung strafgerichtlicher Urteile für den nachfolgenden Zivilprozess ab und begründet dies insb mit dem allgemeinen Grundsatz des Schutzes vor unübersehbaren Rechtsfolgen. Diesen beschreibt er wie folgt: *„Ein Verfahrensinvolvierter soll nicht befürchten müssen, daß er unausweichlich mit juristischen Konsequenzen belastet werden könnte, die sich rein logisch aus Verfahrensergebnissen ableiten ließen, tatsächlich aber – bei angemessener Beachtung der Teleologie des betreffenden Verfahrens – außerhalb der unmittelbaren Verfahrensinteressen des Betroffenen bleiben durften.“* Daher solle der Angeklagte seine Interessen auf eine angemessene Verteidigung im anhängigen Strafprozess konzentrieren dürfen, ohne darüber hinaus verpflichtet zu sein, alle möglichen zukünftigen zivilrechtlichen Ansprüche im Zuge seiner Strafverteidigung juristisch mitberücksichtigen zu müssen.[99]

Zusammenfassend kann also gesagt werden, dass die Meinungen in der Literatur zu den Konsequenzen der Aufhebung des § 268 ZPO sehr vielseitig waren und für reichlich Diskussionsstoff sorgten. Jedenfalls aber wurden einige Lösungen für diese Fragen vorgeschlagen.

2.5 Reaktionen in der Judikatur

Bis zur Aufhebung des § 268 ZPO durch den VfGH beriefen sich die Zivilgerichte hinsichtlich der Bindung an Strafurteile stets auf diese Norm. Nachdem § 268 ZPO jedoch als

---

[98] *Graff*, AnwBl 1993, 273 ff (EAnm); Diese Ansicht stieß in weiterer Folge in der Literatur auf Kritik – so etwa bei *Böhm*, Die Bindung des Zivilgerichts an (verurteilende) Erkenntnisse des Strafgerichts, AnwBl 1996, 734 (736); In seiner späteren Entscheidung OGH 17.10.1995, 1 Ob 612/95 lehnte der OGH diese Auffassung ausdrücklich ab, weil das Strafurteil nicht die tatsächliche Begehung der Straftat, sondern bloß die Überzeugung des Richters und die Verurteilung an sich bezeuge.

[99] *Steininger*, Konsequenzen der Aufhebung des § 268 ZPO, in FS Matscher (1993) 477 (482).

verfassungswidrig aufgehoben wurde, mussten sich die Senate des OGH eine neue Rechtsprechungslinie einfallen lassen. Da der österreichische Gesetzgeber auch nach der Aufhebung des § 268 ZPO weiterhin untätig blieb, musste sich die Rsp mehrmals mit den daraus folgenden Konsequenzen befassen und verneinte in mehreren Entscheidungen eine Bindung des Zivilrichters an verurteilende Straferkenntnisse unter Hinweis auf das (oben bereits ausführlich besprochene) Erkenntnis des VfGH.

Zunächst ordnete der OGH in seiner Entscheidung vom 18.09.1991[100] an, dass die für die Entscheidungen des Zivilgerichtes erheblichen Tatsachen beweisbedürftig seien, sofern das Gesetz keine Ausnahmen von der Beweisbedürftigkeit angeordnet hat. Eine solche Ausnahme enthielt damals § 268 ZPO, wonach dann, wenn die Entscheidung vom Beweis und der Zurechnung einer strafbaren Handlung abhängig war, der Richter an den Inhalt einer hierüber ergangenen rechtskräftig verurteilenden Straferkenntnisses gebunden war. Da nun aber § 268 ZPO vom VfGH aufgehoben wurde, bestehe diese Ausnahme nicht mehr im positiven Recht. Die in § 268 ZPO ehemals angeordnete Bindungswirkung sei somit aufgehoben, weshalb die für die Entscheidungen des Zivilgerichtes erheblichen Tatsachen in Zukunft beweisbedürftig seien. Das gelte auch für jene Strafurteile, die bereits vor Aufhebung des § 268 ZPO in Rechtskraft erwachsen sind. In seiner späteren Entscheidung vom 11.03.1992[101] hat der OGH dieses Ergebnis dann noch einmal ausdrücklich bestätigt.

Ausführlich geht der OGH auf die Konsequenzen der Aufhebung des § 268 ZPO in seiner Entscheidung vom 29.10.1992[102] ein. Bei der Beurteilung der Frage, ob und allenfalls inwieweit individuelle gerichtliche Rechtsakte andere Gerichte binden, sei vorerst davon auszugehen, dass die österreichische Bundesverfassung für diese Fälle keine ausdrückliche Anordnung enthält. Die gegenseitige Bindungswirkung ergebe sich aber idR aus dem rechtsstaatlichen Bauprinzip der Bundesverfassung, wonach alle staatlichen Organe an individuelle Rechtsakte gebunden seien und sich nicht darüber hinwegsetzen dürften, und zwar unabhängig davon, ob diese Rechtsakte von ihnen selbst oder von anderen staatlichen Organen gesetzt worden seien. Andererseits ergebe sich die gegenseitige Bindungswirkung aber auch aus der gesamten Organisationsstruktur der österreichischen Bundesverfassung, die gem § 18 Abs 1 B-VG eine genaue gesetzliche Regelung des jeweils zu einer Entscheidung berufenen Staatsorganes erfordere und daher von der

[100] OGH 18.09.1991, 2 Ob 41/91 ZVR 1992/106 = RZ 1992/39 = ecolex 1992, 89; vgl auch RIS-Justiz RS0040467.

[101] OGH 11.03.1992, 2 Ob 1022/92.

[102] OGH 29.10.1992, 2 Ob 541/92 ecolex 1993, 238 (*Konecny*) = AnwBl 1993, 273 (*Graff*).

Vorstellung ausgehe, dass die einzelne Rechtssache idR jeweils (nur) von einem Organ zu entscheiden sei.[103]

In weiterer Folge führt der OGH in seiner Entscheidung aus: Gegenstand des Strafverfahrens sei in erster Linie die Durchsetzung des staatlichen Strafanspruches. Die Strafgerichte beurteilen das Vorliegen eines gerichtlich strafbaren Tatbestandes, dessen Zurechnung an eine bestimmte Person und die Frage der Strafwürdigkeit bzw das Ausmaß der dafür angemessenen Strafe. Daraus folge, dass andere Staatsorgane lediglich hinsichtlich der Tatsache des urteilsmäßig festgestellten staatlichen Strafanspruches an die Entscheidung der Strafgerichte gebunden seien. Aus diesem Grund seien andere Staatsorgane also nicht berechtigt, die Frage der Strafbarkeit des Sachverhaltes, der dem Strafurteil zugrunde liegt, einer neuerlichen Prüfung zu unterziehen. Für einen nachfolgenden Zivilprozess, in dem zivilrechtliche Ansprüche aus einem bestimmten Verhalten einer strafgerichtlich verurteilten Person abgeleitet werden, bedeute dies aber nicht, dass der Zivilrichter auch an die Tatsachen gebunden sei, welche durch das Strafurteil festgestellt wurde. Der Zivilrichter dürfe die im Strafurteil festgestellten Tatsachen also nicht ungeprüft seinem Urteil zugrunde legen. Dies deshalb, weil keine Identität zwischen dem auf Feststellung und Durchsetzung des staatlichen Strafanspruches gerichteten Zweck des Strafverfahrens und jenem des Zivilprozesses, in dem das Bestehen zivilrechtlicher Ansprüche gegen den strafgerichtlich Verurteilten zu klären sei, bestehe. Zudem habe sich die Auffassung *Nowakowskis*[104], wonach die Rechtskraft des Strafurteils einen „persönlich-absoluten" Umfang in dem Sinn enthalte, dass der Verurteilte das Urteil gegen sich gelten lassen müsse (dazu später noch genaueres), nicht durchgesetzt, weshalb ein verurteilendes Straferkenntnis nach hL nur noch im Hinblick auf künftige Verfahren, in denen das Vorliegen einer Vorstrafe von Bedeutung sei, eine Feststellungswirkung entfalte. Da also einem strafgerichtlichen Schuldspruch keine weiterreichende Feststellungswirkung zuerkannt werden könne und die Bindungswirkung der Bestimmung des § 268 ZPO nicht mehr bestehe, seien die für die Beurteilung des zivilrechtlichen Anspruches bedeutsamen Tatsachen nunmehr beweisbedürftig.[105]

In seiner Entscheidung vom 28.06.1994[106] betonte der OGH noch einmal, dass die Beweise eines Strafverfahrens nur unter den Voraussetzungen des § 281a ZPO im Zivilverfahren zu berücksichtigen seien. Demnach müssten die am Strafverfahren nicht beteiligten Parteien iSd §

---

[103] Vgl auch *Morscher*, Bindung und Bundesverfassung, JBl 1991, 86 (86 f).

[104] *Nowakowski*, ÖJZ 1948, 546 ff.

[105] OGH 29.10.1992, 2 Ob 541/92.

[106] OGH 28.06.1994, 5 Ob 527/94.

281a Z 2 ZPO (in der damaligen Fassung) ausdrücklich zustimmen, dass die im Strafprozess aufgenommenen Beweise im Zivilprozess durch Protokoll- und Gutachtenverlesung wiederholt würden. Da aber der im Strafverfahren Verurteilte eine solche mittelbare Beweisaufnahme jederzeit unterbinden könne, indem er ausdrücklich das Gegenteil beantragt (§ 281a Z 1 ZPO – in der damaligen Fassung), scheitere eine mittelbare Beweisaufnahme im Zivilprozess immer dann, wenn die relevanten Tatsachen streitig seien.[107]

Lediglich in einer einzigen (unveröffentlichten) Entscheidung[108] bejahte der OGH, dass ein rechtskräftiges Strafurteil im Zivilprozess Rechtskraftwirkung entfalte, sodass sich niemand gegenüber einer anderen Partei darauf berufen könne, dass er die Tat, wegen der er strafgerichtlich verurteilt worden sei, nicht begangen habe.[109] Allerdings blieb es zum damaligen Zeitpunkt bei dieser einen Ausnahmeentscheidung. Zudem lieferte der OGH in dieser Entscheidung keine Begründung für seine Ansicht.

Zusammenfassend kann also gesagt werden, dass der OGH nach Aufhebung des § 268 ZPO ganz überwiegend die Ansicht vertrat, dass Zivilrichter künftig nicht mehr an Strafurteile aus dem vorangegangenen Strafverfahren gebunden seien, weil die Rechtskraft des Strafurteils keine entsprechende Feststellungswirkung entfalte und die ehemalige Bindungswirkung des § 268 ZPO nun nicht mehr existiere.

[107] *Forgó-Feldner*, ÖJZ 2005, 869 f.

[108] OGH 15.01.1992, 9 ObA 240/91; vgl auch RIS-Justiz RS0036911.

[109] Vgl auch *Forgó-Feldner*, ÖJZ 2005, 870.

3 DIE WEITERE RECHTSPRECHUNG NACH AUFHEBUNG DES § 268 ZPO

3.1 Grundsatzentscheidung des verstärkten Senates und Würdigung

Aufgrund der uneinheitlichen Judikatur des OGH und der Meinungsverschiedenheiten in der Literatur sah sich ein erkennender Senat des OGH im Jahre 1995 dazu veranlasst, einen Verstärkungsbeschluss gem § 8 OGHG[110] zu fassen und damit einen verstärkten Senat zur Entscheidung zuständig zu machen. Grund dafür war das Vorliegen einer Rechtsfrage von grundsätzlicher Bedeutung, die bis zu diesem Zeitpunkt von der Judikatur nicht einheitlich beantwortet wurde.[111]

Dabei wurde die entscheidungserhebliche Rechtsfrage folgendermaßen formuliert: „*Entfaltet die materielle Rechtskraft jenes Ausspruchs im strafgerichtlichen Urteil, mit dem der Angeklagte (Beschuldigte) einer bestimmten, eine strafbare Handlung begründenden Tat schuldig befunden wurde [...], auf das Urteil im nachfolgenden Rechtsstreit über die aus dieser Tat abgeleiteten (schadenersatzrechtlichen) Ansprüche eine - der rechtskräftigen präjudiziellen zivilgerichtlichen Entscheidung vergleichbare - Bindungswirkung oder hat der Zivilrichter bei einer solchen Verfahrenslage die davon betroffenen Anspruchsgrundlagen ohne jede Bindung - wie es die Vorinstanzen getan haben - von neuem zu prüfen.*“[112]

Im Folgenden wird diese bedeutende Entscheidung des OGH[113] ausführlich besprochen und die entscheidungserhebliche Rechtsfrage beantwortet:

Der OGH geht in der vorliegenden Entscheidung zunächst davon aus, dass die sich aus der materiellen Rechtskraft der strafgerichtlichen Verurteilung ableitende Bindungswirkung nicht automatisch geleugnet werden könne, nur weil im Zivilverfahrensrecht seit der Aufhebung der Bestimmung des § 268 ZPO durch den VfGH eine Norm fehle, welche die Bindung des Zivilrichters ausdrücklich anordnet. Immerhin sei auch die Bindungswirkung der materiellen Rechtskraft zivilgerichtlicher Urteile und auch die Frage, wie ein Verstoß gegen diese zu sanktionieren sei, nicht ausdrücklich im Zivilverfahrensrecht geregelt – und dennoch seien diese

---

[110] Bundesgesetz vom 19. Juni 1968 über den Obersten Gerichtshof BGBl 1968/328.

[111] *Forgó-Feldner*, ÖJZ 2005, 870.

[112] Verstärkungsbeschluss vom 27.07.1995 zur Entscheidung des verstärkten Senates OGH 17.10.1995, 1 Ob 612/95; vgl auch *Forgó-Feldner*, ÖJZ 2005, 870.

[113] OGH 17.10.1995, 1 Ob 612/95 AnwBl 1995, 900 (*Strigl*) = RdW 1996, 15 (*Berger*) = ZVR 1996/2 = JBl 1996, 117 = EvBl 1996/34 = AnwBl 1996, 734 (*Böhm*) = SZ 68/195 = EFSlg 79.219.

Fragen unumstritten. Erneut beruft sich der OGH (wie bereits in seiner früheren Entscheidung[114]) auf *Morscher*[115] und argumentiert, dass der Bundesverfassung insgesamt entnommen werden könne, dass individuelle Rechtsakte regelmäßig Bindungswirkung entfalten. Dies würde dem rechtsstaatlichen Prinzip sowie dem darin verankerten Element der Rechtssicherheit ebenso entsprechen wie dem in Art 18 Abs 1 B-VG verankerten Legalitätsprinzip und dem Grundsatz der Einheitlichkeit unserer Rechtsordnung.[116]

In weiterer Folge diskutiert der OGH ausführlich die in der Literatur für und gegen die Bindungswirkung strafgerichtlicher Urteile sprechenden Meinungen der jeweiligen Autoren (wovon die wichtigsten bereits oben besprochen wurden) und gelangt schließlich zum selben Ergebnis wie bereits *Nowakowski*, der eine Bindungswirkung strafgerichtlicher Verurteilungen über das Institut der materiellen Rechtskraft herleitet.

Nachfolgend soll nun die Rechtsansicht *Nowakowskis* ausführlich besprochen werden, um im Anschluss daran wieder einen Bezug zur hier angesprochenen OGH-Entscheidung herzustellen:

Nowakowski analysierte die materielle Rechtskraft des Schuldspruchs im Strafverfahren und dessen rechtliche Auswirkungen auf den nachfolgenden Zivilprozess. Zunächst einmal stellte er fest, dass ein freisprechendes Urteil im Strafprozess nicht darüber entscheiden könne, ob der Angeklagte die Tat wirklich begangen habe oder nicht, weil der Urteilsspruch lediglich aussage, dass der Angeklagte von der näher bezeichneten Anklage freigesprochen worden sei. Ein freisprechendes Urteil entscheide also nur über den Strafanspruch. Darüber hinaus greife die materielle Rechtskraft nicht. Im Gegensatz dazu enthalte das verurteilende Straferkenntnis zusätzlich noch die Feststellung, dass der Angeklagte eine bestimmte strafbare Handlung begangen habe. Diese Feststellung fehle im freisprechenden Urteilstenor. Freisprechendes und verurteilendes Straferkenntnis seien also inhaltlich verschieden.[117] Aus diesem Grund bezieht sich *Nowakowski* im Hinblick auf die materielle Rechtskraft und deren Auswirkungen auf den nachfolgenden Zivilprozess stets auf ein verurteilendes Straferkenntnis.

In weiterer Folge gelangte er zum Ergebnis, dass bei einem verurteilenden Straferkenntnis nicht nur der Ausspruch über die Strafe in Rechtskraft erwachse, sondern auch der Schuldspruch. Er begründete dies zunächst mit jenen Bestimmungen des damaligen Strafgesetzbuches, die an die

---

114 Vgl OGH 29.10.1992, 2 Ob 541/92.

115 *Morscher*, JBl 1991, 86 f.

116 Vgl auch *Albrecht*, Probleme der Bindung an strafgerichtliche Verurteilungen im Zivilverfahren, ÖJZ 1997, 201 (203).

117 *Nowakowski*, ÖJZ 1948, 546 f.

Wiederholung der Straftat besondere Folgen knüpften. Würde nämlich der Schuldspruch nicht ebenfalls in Rechtskraft erwachsen, so könnte sich der Verurteilte in jenen Fällen, in denen eine frühere Straftat für den nachfolgenden Strafprozess von Bedeutung sei, darauf berufen, dass er zwar wegen dieser früheren Straftat für schuldig befunden worden sei, sie aber gleichwohl nicht begangen habe. Gegen dieses Ergebnis sprechen laut *Nowakowski* nicht nur prozessökonomische, sondern vor allem auch die allgemeinen Erwägungen, dass der Schuldspruch die Frage, ob der Verurteilte das Verbrechen tatsächlich begangen hat, rechtskräftig erledige. Wenn der Verurteilte sich jedes Mal darauf berufen könnte, dass er die Straftat nicht begangen habe, und dies im Verfahren rechtserheblich wäre, dann würde ihm dies den Anreiz geben, seine Verurteilung niemals anzuerkennen. Das würde seiner Strafeinsicht entgegenwirken. Der Straffall könnte immer wieder neu aufgerollt werden und wäre somit nie wirklich erledigt. Allein die Tatsache, dass der Richter die bereits erledigte Strafsache neu untersuchen müsste, würde das Ansehen des rechtskräftigen Urteils schwächen. Zudem würde das Ansehen des Gerichts noch zusätzlich schwer erschüttert werden, wenn der Richter nachträglich zum Ergebnis käme, dass der Verurteilte gar nicht schuldig zu sprechen gewesen wäre.[118]

Unbestritten sei laut *Nowakowski*, dass der Angeklagte durch den Schuldspruch im Hinblick auf die im Urteil geschilderte Straftat endgültig überführt sei. Damit entfalte der Schuldspruch aber auch die Wirkung, dass er die verantwortliche Begehung der strafbaren Handlung durch den Verurteilten rechtskräftig feststelle. Somit wird im Schuldspruch vorausgesetzt, dass der Verurteilte nicht nur wegen der Tat an sich bestraft worden ist, sondern sie auch tatsächlich begangen hat. Eine gegenteilige Begründung wäre hier nicht nachvollziehbar. Dem entspreche auch die Bedeutung, die dem Schuldspruch durch die Vorschriften der StPO zugeschrieben wird. Aus § 260 Abs 1 Z 1 und 2 StPO sowie § 270 Abs 2 Z 4 und 5 StPO ergebe sich iVm § 281 Abs 1 Z 3 StPO (jeweils in der aktuellen Fassung), dass (bei sonstiger Nichtigkeit) die strafbare Handlung ganz genau bezeichnet werden müsse.[119] Der Schuldspruch soll also nicht nur den Strafausspruch begründen, sondern ist vielmehr selbstständiger Inhalt der Entscheidung. Einen Hinweis darauf gibt laut *Nowakowski* auch das Institut der Strafberufung. Wenn nämlich ein verurteilendes Straferkenntnis nur mit Strafberufung angefochten wird, so erwächst der Rest des Urteils in Rechtskraft. Der Verurteilte kann den in Rechtskraft erwachsenen Schuldspruch dann nur noch mit einem Wiederaufnahmsantrag gem § 353 StPO bekämpfen. Daraus folge jedoch,

---

[118] *Nowakowski*, ÖJZ 1948, 547.

[119] Vgl auch *Albrecht*, ÖJZ 1997, 204.

dass nicht nur die Entscheidung über den Strafanspruch, sondern auch der (selbstständige) Schuldspruch der Rechtskraft fähig sei. Wenn dies der Fall ist, dann könne dies nur über das Institut der materiellen Rechtskraft erklärt werden. Das Urteil stelle somit mit materieller Rechtskraft fest, dass der Verurteilte die ihm vorgeworfene Straftat rechtswidrig und schuldhaft begangen habe.[120]

Im Anschluss führte *Nowakowski* aus, dass der Schuldspruch durch die Bezeichnung des Deliktstypus und die Anführung seiner abstrakten Merkmale die Straftat nicht nur rechtskräftig feststelle, sondern sie zugleich auch rechtlich qualifiziere. Die abstrakten Merkmale der rechtlichen Qualifikation seien eine sprachliche Darstellungsweise für den konkreteren Sachverhalt. Zwischen der rechtskräftigen Feststellung der tatsächlichen Begehung der Straftat im Schuldspruch und der (abstrakten) Verurteilung aufgrund der Begehung der Straftat im Strafausspruch bestehe daher Identität. Somit wird nicht nur die bloße Verurteilung des Angeklagten, sondern auch die konkrete Begehung der Straftat rechtskräftig festgestellt.[121] Der Feststellungsinhalt des Schuldspruches erstrecke sich auch auf den als erwiesen angenommenen konkreten Sachverhalt.[122] Dies nehme dem Verurteilten die Möglichkeit sich darauf zu berufen, er habe die Straftat in Wahrheit gar nicht begangen.

Darüber hinaus wies *Nowakowski* auch darauf hin, dass die im Schuldspruch festgestellten konkreten Tatsachen auch dann in Rechtskraft erwachsen, wenn sie nicht im Urteilsspruch, sondern nur in den Gründen genannt werden. Der Schuldspruch erwachse demnach in allen seinen Teilen in Rechtskraft, dh nicht nur in der Feststellung der strafbaren Handlung nach ihren abstrakten Merkmalen, sondern auch in der Feststellung der konkreten Sachverhaltselemente, die ihnen entsprechen – unabhängig davon, ob die konkreten Tatsachen im Urteilstenor oder bloß in den Gründen dargestellt werden.[123]

Schließlich ging er zum Abschluss noch auf den persönlichen Umfang der materiellen Rechtskraft eines strafgerichtlichen Urteils ein. Dabei ging er von der allgemein bekannten Prämisse aus, dass die Lehre zwischen zwei Arten der Rechtskraft unterscheidet: Während die relative Rechtskraft nur für die Parteien des erledigten Verfahrens bindend ist, bindet die absolute Rechtskraft auch außerhalb des Verfahrens jedermann. *Nowakowski* nahm einen Mittelweg und betonte, dass der Umfang der materiellen Rechtskraft eines Schuldspruchs aus

---

[120] *Nowakowski*, ÖJZ 1948, 548.

[121] *Nowakowski*, ÖJZ 1948, 548 f.

[122] Vgl auch *Albrecht*, ÖJZ 1997, 204.

[123] *Nowakowski*, ÖJZ 1948, 549 f.

Gründen des rechtlichen Gehörs „persönlich-absolut" wirke. Die materielle Rechtskraft des Schuldspruchs greife demnach weiter als die relative und weniger weit als die absolute Rechtskraft. Zunächst einmal wirke das Strafurteil nach außen absolut und allgemeingültig, denn es stellt für jedermann verbindlich fest, dass der Angeklagte wegen der begangenen Straftat verurteilt wurde. Allerdings wirke das Strafurteil auf der anderen Seite bloß persönlich, also lediglich für den Rechtskreis des Verurteilten (für diesen aber gegenüber jedermann, also absolut). Der Schuldspruch wirke also nur für und gegen den Verurteilten, nicht aber bezüglich anderer Personen. Demnach habe die Feststellung, dass der Angeklagte die Tat begangen habe, für den Rechtskreis der anderen Personen keine Rechtskraftwirkung. *Nowakowski* begründete dies mit einem anschaulichen Beispiel: Wenn A den X tötet und in einem Strafverfahren wegen Mordes verurteilt wird, kann B als Beitragstäter in einem anderen Strafverfahren dennoch zB mit der Begründung freigesprochen werden, dass A in Notwehr gehandelt habe. Wenn nämlich das Gericht die Beteiligung anderer Personen an derselben Tat in einem anderen Verfahren zu beurteilen hat, dann bindet ein früheres Urteil das Gericht nie. Ansonsten würde hier über das Schicksal des B in einem Strafprozess entschieden worden sein, auf das er keinen Einfluss nehmen konnte, weil er überhaupt nicht beteiligt war. Dies sei so schwerwiegend, dass das rechtliche Gehör des B es rechtfertige, einander widersprechende Urteile in Kauf zu nehmen. B könne sich also in einem nachfolgenden Verfahren darauf berufen, dass A die Tat (so wie im Urteil beschrieben) begangen habe, und A müsste dies gegen sich gelten lassen. Andererseits könne sich B zu seinem eigenen Vorteil aber auch darauf berufen, dass A die Tat (anders als im Urteil beschrieben) in Notwehr begangen habe, weil B an jenes Urteil nicht gebunden sei. Dies meinte *Nowakowski*, als er vom „persönlich-absoluten" Umfang der materiellen Rechtskraft des Schuldspruchs gesprochen hat, der nur für den Rechtskreis des Verurteilten, für diesen aber gegenüber jedermann, gelte.[124]

Kehren wir nun zum oben angesprochenen OGH-Urteil zurück:

In weiterer Folge betont der OGH in seiner Entscheidung, dass die Ansicht *Nowakowskis* später auch von *Sachers*[125], *Roeder*[126], *Kralik*[127] und *Walter*[128] gebilligt wurde und schließt sich unter Berufung auf diese Autoren der Meinung *Nowakowskis* an. Demnach sei nicht nur der

[124] Vgl *Nowakowski*, ÖJZ 1948, 550.

[125] Vgl *Sachers* in FS Rittler 353.

[126] Vgl *Roeder*, System des österreichischen Strafverfahrensrechtes (1951), 350 FN 7.

[127] Vgl *Kralik*, Vorfrage 153.

[128] Vgl *Walter*, Strafgerichtliche Verurteilung und Zivilprozess, ecolex 1991, 379.

Ausspruch über die Strafe, sondern auch der Schuldspruch der materiellen Rechtskraft teilhaft, sodass damit ausgesprochen wird, dass der Angeklagte die dort bezeichnete strafbare Handlung tatsächlich begangen habe. Die Bindungswirkung der materiellen Rechtskraft des Schuldspruchs könne somit nicht geleugnet werden. Sie ist aber auf den Rechtskreis des Verurteilten zu beschränken, weil neben dem Ankläger nur dieser volle Parteirechte hatte. Auch wenn es dadurch in weiterer Folge zu unterschiedlichen Verfahrensergebnissen kommen kann, müssen die subjektiven – parteibezogenen – Grenzen der Rechtskraft beachtet werden, um dem im Verfassungsrang stehenden Art 6 Abs 1 EMRK und dem damit einhergehenden Grundrecht des rechtlichen Gehörs in gebotener Weise Rechnung zu tragen. Diese Lösung sei insb deshalb gerechtfertigt, weil der Verurteilte im Strafverfahren alle Rechtsschutzmöglichkeiten hatte, um die Verurteilung abzuwehren. Die andere Partei des Zivilverfahrens hat aber aus der fehlenden Beteiligung oder aus der eingeschränkten verfahrensrechtlichen Position im vorangegangenen Strafprozess keinerlei Nachteile, soweit sie sich auf die rechtskräftige strafgerichtliche Verurteilung ihres Gegners beruft.[129]

Basierend auf dieser Entscheidung formulierte der verstärkte Senat des OGH daher folgenden Rechtssatz:

„*Wirkt die materielle Rechtskraft der strafgerichtlichen Verurteilung derart, dass der Verurteilte das Urteil gegen sich gelten lassen muss, und wirkt dieses für den Rechtskreis des Verurteilten, für diesen aber gegen jedermann, so kann sich niemand im nachfolgenden Rechtsstreit einer anderen Partei gegenüber darauf berufen, dass er eine Tat, derentwegen er strafgerichtlich verurteilt wurde, nicht begangen habe, gleichviel ob der andere am Strafverfahren beteiligt war oder in welcher verfahrensrechtlichen Stellung er dort aufgetreten ist.*“[130]

Abschließend hielt der OGH am Ende dieser Entscheidung noch fest, dass in diesem Fall nicht zu entscheiden war, ob das verurteilende Straferkenntnis für die Frage der vertraglichen Deckungspflicht eines Versicherers Tatbestandswirkung haben kann (dazu gleich mehr).

Zusammenfassend kann also gesagt werden, dass der OGH – trotz Aufhebung des verfassungswidrigen § 268 ZPO durch den VfGH – über das Institut der materiellen Rechtskraft einen Weg gefunden hat, um Strafurteilen aus vorangegangenen Strafprozessen auch in nachfolgenden Zivilprozessen Bindungswirkung zu verleihen.

---

[129] OGH 17.10.1995, 1 Ob 612/95.

[130] RIS-Justiz RS0074219.

3.2 Folgejudikatur der einfachen Senate

Die Grundsatzentscheidung des verstärkten Senates begründete in weiterer Folge eine stRsp.[131] Diese Entscheidung ist gem § 8 OGHG für alle einfachen Senate des OGH bindend – zumindest solange, bis ein weiterer verstärkter Senat zu einem anderen Ergebnis kommt, das dann künftig bindend wäre. Demnach haben die fortan judizierenden Senate diese Lösung der Rechtsfrage zu übernehmen und können nur in jenen Punkten eine „eigenständige" Rsp entwickeln, in denen der verstärkte Senat keine Antwort geliefert hat.[132]

Wie bereits vorher erwähnt hat die Grundsatzentscheidung des verstärkten Senates ausdrücklich offengelassen, ob ein verurteilendes Straferkenntnis für die Frage der vertraglichen Deckungspflicht einer Versicherers Tatbestandswirkung haben kann. Die einfachen Senate des OGH können diese Frage daher in weiterer Folge „frei" beantworten, wobei sie jedoch darauf zu achten haben, dass ihre Antwort mit dem vom verstärkten Senat formulierten Rechtssatz vereinbar ist.[133]

Im Folgenden soll daher die Entscheidung des 2. Senates des OGH[134] besprochen werden, welche diese offengelassene Frage des verstärkten Senates beantwortet hat:

Der 2. Senat des OGH stellte sich die Frage, ob einer strafgerichtlichen Verurteilung im Zivilprozess gegen den Haftpflichtversicherer des Verurteilten (eine von Amts wegen wahrzunehmende) Bindungswirkung zukomme. Um diese Frage beantworten zu können, ging er auf die bereits vom verstärkten Senat für seine Rechtsansicht ausführlich zitierte Literatur ein und hob folgendes hervor:

Nach *Nowakowski*[135] wirke die Rechtskraft des Schuldspruchs aus Gründen des rechtlichen Gehörs nur für und gegen den Verurteilten, nicht aber bezüglich anderer Personen.

Walter[136] halte diese Lösung deshalb für gerechtfertigt, weil der Verurteilte alle Rechtsschutzmöglichkeiten zur Verfügung gehabt habe, um die Verurteilung abzuwehren. Die andere Partei habe aber durch die fehlende Beteiligung am Strafprozess keinerlei Nachteile,

---

131 Siehe zB OGH 25.01.1996, 6 Ob 1506/96; OGH 20.03.1997, 2 Ob 79/95 und OGH 23.02.1999, 1 Ob 21/99s.

132 *Forgó-Feldner*, ÖJZ 2005, 871 f.

133 *Forgó-Feldner*, ÖJZ 2005, 872.

134 OGH 30.05.1996, 2 Ob 2070/96t ZVR 1996/80 = SZ 69/131 = RdW 1997, 18 = Zak 2010/255 (*Kolmasch*).

135 *Nowakowski*, ÖJZ 1948, 550.

136 *Walter*, ecolex 1991, 379 f.

soweit sie sich auf eine erfolgte Verurteilung stütze. Dieses Ergebnis begegne unter dem Gesichtspunkt des Art 6 Abs 1 EMRK keinerlei Bedenken.

Morscher[137] leite aus der Bundesverfassung ab, dass eine solche Bindungswirkung ohnehin nicht grenzenlos bestehe, sondern sich vielmehr regelmäßig nur auf die Parteien jenes Verfahrens erstrecke, dessen Ergebnis eine Bindungswirkung schaffen solle.

Zweifelhaft sei in diesem Zusammenhang für den 2. Senat des OGH, was im Rechtssatz des verstärkten Senates unter dem Begriff „Rechtskreis" des Verurteilten zu verstehen ist. Sollten damit nur die „rechtlichen Belange" des Verurteilten selbst gemeint sein, so würden sich daraus keine grundrechtlichen Bedenken ergeben. Sollten damit jedoch vom Verurteilten verschiedene Personen gemeint sein, so bestünde, sofern diese Personen nicht am Strafverfahren beteiligt waren, ein Spannungsverhältnis zu den Ausführungen des verstärkten Senates und der von ihm für seine Ansicht zitierten Autoren über das Grundrecht des rechtlichen Gehörs.[138]

Aufgrund dieser Erwägungen entschied der erkennende Senat, dass der Haftpflichtversicherer, der im Strafprozess kein rechtliches Gehör hatte, von der Bindungswirkung des Strafurteils nicht erfasst wird, weil es ansonsten zu einer Verletzung des verfahrensrechtlichen Grundsatzes des rechtlichen Gehörs gem Art 6 Abs 1 EMRK käme.[139] Denn das rechtliche Gehör sei nicht bloß den am Verfahren förmlich Beteiligten zu gewähren, sondern greife auch dann durch, wenn ein (zunächst) unbeteiligter Dritter – in diesem Fall der Versicherer – an das Ergebnis eines zwischen zwei anderen Personen geführten Verfahrens gebunden und dadurch rechtlich betroffen wäre.[140] Auch wenn es dadurch zu einem problematischen Nebeneinander gebundener und nicht gebundener Beteiligter käme, so könne diese ungewollte Situation nicht durch eine Grundrechtsverletzung bereinigt werden.[141]

In weiterer Folge hat der erkennende Senat bereits mehrfach an dieser Meinung festgehalten.[142] Dies führte jedoch zu einem neuartigen Problem im Bereich der Kfz-Haftpflichtfälle, das bis

---

[137] *Morscher*, JBl 1991, 86 f.

[138] OGH 30.05.1996, 2 Ob 2070/96t; In seiner Entscheidung OGH 14.12.2000, 7 Ob 253/00g SZ 73/200 sprach der OGH aus, dass eine Bindung an den Schuldspruch jedenfalls im Rechtsstreit einer Kommanditgesellschaft besteht, wenn deren alleiniger Komplementär zuvor strafgerichtlich verurteilt wurde, weil die Kommanditgesellschaft unter diesen Umständen zum Rechtskreis des Verurteilten gehört; vgl auch RIS-Justiz RS0114508.

[139] RIS-Justiz RS0097968.

[140] RIS-Justiz RS0074953.

[141] OGH 30.05.1996, 2 Ob 2070/96t; OGH 02.04.1998, 2 Ob 257/97a SZ 1971/66 = JBl 1998, 584 (*Klicka*) = ecolex 1998, 759 (*Oberhammer*) = RdW 1998, 739 = ZVR 1998/98; vgl auch *Forgó-Feldner*, ÖJZ 2005, 872.

[142] Siehe zB OGH 14.11.1996, 2 Ob 2348/96z; OGH 05.09.1996, 2 Ob 2287/96d; OGH 20.03.1997, 2 Ob 79/95 und OGH 09.10.1997, 2 Ob 203/97k.

zum heutigen Tage nicht eindeutig gelöst wurde. Um dieses Problem zu veranschaulichen, soll nun der Beteiligtenkreis in diesen Fällen näher betrachtet werden:

Im Kfz-Haftpflichtbereich begegnen sich meistens drei verschiedene Personen: Der Schädiger, der Haftpflichtversicherer des Schädigers und der Geschädigte. Gehen wir nun von folgendem Beispiel aus: A (Schädiger) fährt mit seinem Fahrzeug dem B (Geschädigten) von der Seite rein und verursacht ihm dadurch einen Schaden. Im Strafprozess wird vom Strafrichter festgestellt, dass der Schaden entstanden sei, weil A eine Vorrangverletzung begangen hat. A wird rechtskräftig verurteilt, B wird mit seinem Schadenersatzanspruch auf den Zivilrechtsweg verwiesen. Im nachfolgenden Zivilprozess klagt B nun C (den Haftpflichtversicherer des A), weil dieser den Schadenersatzanspruch leichter erfüllen kann. B beruft sich C gegenüber auf das rechtskräftige Strafurteil mit dem festgestellt wurde, dass A den Schaden rechtswidrig und schuldhaft verursacht hat. C müsste nun eigentlich aufgrund der Bindungswirkung des Strafurteils den von B beanspruchten Schadenersatz leisten, weil verbindlich festgestellt wurde, dass A die Tat begangen hat und somit der Versicherungsfall eingetreten ist. Der OGH hat jedoch festgestellt, dass der Haftpflichtversicherer des Schädigers nicht zum Rechtskreis des Schädigers gehört und daher auch nicht an das Strafurteil gebunden ist. Im nachfolgenden Zivilprozess ist C daher nicht an die Feststellungen des Strafrichters im Hinblick auf die Vorrangverletzung gebunden. C kann einwenden, dass in Wahrheit B den Vorrang verletzt hat und somit A keine Schuld am Verkehrsunfall trägt. Wenn C dieser Beweis gelingt, dann weist der Zivilrichter die Klage des B ab. Nun, da B gegen C nicht durchgedrungen ist, wird er sich in einem separaten Zivilprozess vernünftigerweise direkt an A wenden, um nicht völlig leer auszugehen. B wird vorbringen, dass A den Verkehrsunfall rechtswidrig und schuldhaft begangen hat und dies bereits vom Strafrichter bindend festgestellt worden ist. Der Zivilrichter wäre auf dem ersten Blick auch an das Strafurteil gebunden und müsste dem B seinen Schadenersatzanspruch zusprechen. Doch hier ergibt sich nun ein ganz besonderes Problem: § 28 KHVG.[143]

§ 28 KHVG (in der aktuellen Fassung) lautet: „*Soweit durch rechtskräftiges Urteil ein Schadenersatzanspruch des geschädigten Dritten aberkannt wird, wirkt das Urteil, wenn es zwischen dem geschädigten Dritten und dem Versicherer ergeht, auch zugunsten des Versicherten; wenn es zwischen dem geschädigten Dritten und dem Versicherten ergeht, wirkt es auch zugunsten des Versicherers.*“

[143] Kraftfahrzeug-Haftpflichtversicherungsgesetz 1994 BGBl 1994/651.

Im oben genannten Beispiel kam es zu einem rechtskräftigen Urteil zwischen B (dem „geschädigten Dritten") und C (dem „Versicherer"), mit dem der Schadenersatzanspruch des B aberkannt wurde, weil C aufgrund von Art 6 Abs 1 EMRK nicht an das Strafurteil gebunden ist. Dieses Urteil wirkt nun gem § 28 KHVG auch zugunsten des Versicherten, also zugunsten des Schädigers A.

Geht man nun nach der Bindungswirkung des Strafurteils, so muss A den Schadenersatz im nachfolgenden Zivilprozess an B leisten, weil mit dem Strafurteil verbindlich festgestellt wurde, dass er den Verkehrsunfall rechtswidrig und schuldhaft verursacht hat. Geht man aber nach § 28 KHVG, so erstreckt sich das von C gegen B erwirkte klagsabweisende – und damit anspruchsabweisende – Urteil auch auf A, wodurch der Schadenersatzanspruch des B gegenüber A erloschen wäre. Ganz offensichtlich liegt hier also ein Bindungskonflikt vor.

Es stellte sich daher in der Judikatur die Frage, wie dieser problematische Bindungskonflikt zu lösen sei. Geht die in § 28 KHVG normierte Rechtskrafterstreckung oder die Bindungswirkung des Strafurteils vor?

Der 2. Senat des OGH entschied sich letztendlich dafür, der Rechtskrafterstreckung des § 28 KHVG Priorität gegenüber der Bindungswirkung eines rechtskräftigen Strafurteils einzuräumen. Wenn sich also bei der Beurteilung eines Schadenersatzanspruchs gegen den versicherten Schädiger sowohl die Bindungswirkung des rechtskräftigen Strafurteils als auch die Rechtskrafterstreckung des § 28 KHVG gegenüberstehen, sei der Bestimmung des § 28 KHVG der Vorrang einzuräumen. Dies deshalb, weil § 28 KHVG ausdrücklich im Gesetz geregelt ist, während die Bindungswirkung des rechtskräftigen Strafurteils bloß aus allgemeinen verfahrensrechtlichen Grundsätzen abzuleiten sei. Darüber hinaus stellte der 2. Senat fest, dass der Kläger durch die Entscheidung, gegen wen er wann Klage einbringt, den Ausgang des Verfahrens steuern könne, weil der Wortlaut des § 28 KHVG besagt, dass nur ein (im Zeitpunkt des Schlusses der Verhandlung gegen den Versicherten) bereits rechtskräftig gewordenes Urteil, das zwischen dem Geschädigten und dem Versicherer ergangen ist, dem Schädiger zugutekommen kann. Wenn man also am Wortlaut dieser Bestimmung haften bliebe, dann würde dies dazu führen, dass der Kläger den Verfahrensausgang steuern könnte, und zwar je nachdem, ob er die Klage zuerst gegen den Versicherer und erst später gegen den Versicherten einbringt, ob beide gemeinsam geklagt werden oder ob er zuerst den Versicherten und erst später (oder nie) den Versicherer klagt (dazu später noch mehr). Die Art der Klagsführung dürfe für den Geschädigten aber keinen entscheidenden Unterschied machen. Aus diesem Grund sei hier von einer planwidrigen und daher nicht gewollten Lücke im Gesetz auszugehen, die man schließen müsse. Der Senat greift auch auf den Grundgedanken des § 28 KHVG zurück, wonach ein auf denselben Sachverhalt gegründeter Schadenersatzanspruch einheitlich beurteilt werden solle, soweit und solange dies möglich sei. *„Dies bedeutet, daß für den Bereich der Kfz-Haftpflichtversicherung eine Bindung an die strafgerichtliche Verurteilung des versicherten Lenkers im allgemeinen unabhängig davon nicht besteht, wen der Geschädigte klageweise in Anspruch nimmt und wann dies geschieht. Nur wenn auszuschließen ist, daß es noch zu einem das Klagebegehren abweisenden Urteil zugunsten des Versicherers kommen kann, wäre dem versicherten Lenker der Einwand, er habe die Tat, derentwegen er strafgerichtlich verurteilt wurde, nicht begangen, verwehrt.“* Diese Auffassung stehe auch nicht im Widerspruch zur Entscheidung des verstärkten Senates, weil bei der damaligen Fallkonstellation die Besonderheiten des § 28 KHVG nicht zu berücksichtigen waren.[144]

In einer späteren Entscheidung[145] geht der OGH dann noch einmal genauer auf den vom verstärkten Senat ehemals formulierten Rechtssatz ein und führt dazu aus: Der Rechtssatz bedeute, dass der Zivilrichter keine vom Strafurteil abweichenden Feststellungen über den Nachweis der strafbaren Handlung, ihre Zurechnung und den Kausalzusammenhang zwischen der strafbaren Handlung und ihren Folgen treffen dürfe. Demnach bestehe eine Bindung des Zivilgerichts insoweit, als davon auszugehen sei, dass der Verurteilte die im Strafurteil festgestellte Tat tatsächlich begangen habe und diese Tat für den Schadenserfolg auch kausal war – zumindest solange das strafgerichtliche Erkenntnis nicht beseitigt sei. Zudem binde das Strafurteil den Zivilrichter unabhängig davon, ob es materiell richtig oder unrichtig sei.[146] Allerdings bedeutet das nicht, dass der Zivilrichter an jede einzelne Tatsachenfeststellung des Strafurteils gebunden sei.[147] Für die Beurteilung der Bindungswirkung eines rechtskräftigen strafgerichtlichen Erkenntnisses sei in erster Linie der Spruch desselben maßgebend, während den Entscheidungsgründen idR nur eine Hilfsfunktion für die Auslegung der Tragweite des Spruches zukomme. Zudem dürfe der Zivilrichter auch einen (gegenüber dem Strafurteil) zusätzlichen Umstand als Verschulden werten.[148] Umstände, die nicht die Schuldfrage, sondern nur die Strafbemessung betreffen oder sogar keinerlei Relevanz für die Entscheidung des Strafgerichts haben, unterliegen überhaupt der freien Beurteilung des Zivilrichters.[149]

---

[144] OGH 02.04.1998, 2 Ob 257/97a; vgl auch *Forgó-Feldner*, ÖJZ 2005, 872.

[145] OGH 14.12.2000, 7 Ob 253/00g SZ 73/200.

[146] OGH 09.12.1997, 4 Ob 311/97g.

[147] Siehe zB OGH 14.01.1997, 4 Ob 9/97w und OGH 24.02.1999, 9 ObA 254/98p.

[148] OGH 26.05.1997, 2 Ob 216/97x.

[149] Siehe zB OGH 24.06.1997, 5 Ob 105/97w und OGH 24.02.1999, 9 ObA 254/98p.

Zusammenfassend kann also gesagt werden, dass der verstärkte Senat des OGH nach Aufhebung des § 268 ZPO durch den VfGH eine Bindungswirkung strafgerichtlicher Urteile im Zivilprozess über das Institut der materiellen Rechtskraft nach *Nowakowski* erzielte. Diese Bindungswirkung kollidierte in weiterer Folge jedoch mit der Rechtskrafterstreckung des § 28 KHVG, sodass sich ein einfacher Senat des OGH verpflichtet sah, der Rechtskrafterstreckung (aufgrund deren ausdrücklicher Regelung im Gesetz) Vorrang gegenüber der (bloß aus allgemeinen verfahrensrechtlichen Grundsätzen abgeleiteten) Bindungswirkung von Strafurteilen einzuräumen.

Problematisch ist hier jedoch, dass Verkehrsunfälle mit Kfz den Hauptanwendungsfall der Bindung der Zivilgerichte an Strafurteile darstellen, sodass der 2. Senat des OGH die Entscheidung des verstärkten Senates gewissermaßen ausgehöhlt hat.[150] Die Judikatur des OGH rund um die Bindungswirkung strafgerichtlicher Urteile ist in weiterer Folge in der Literatur auf große Kritik gestoßen. Mit dieser Kritik setzt sich diese Diplomarbeit im übernächsten Kapitel noch ausführlich auseinander.

Zunächst einmal soll aber noch in aller Kürze zum besseren Verständnis auf die beiden Arten der Bindungswirkung der materiellen Rechtskraft eines Strafurteils eingegangen werden.

---

[150] *Forgó-Feldner*, ÖJZ 2005, 872.

4 ZUR BINDUNGSWIRKUNG DER MATERIELLEN RECHTSKRAFT DES STRAFURTEILS

4.1 Feststellungswirkung des Schuldspruchs

Die Feststellungswirkung des Schuldspruchs wurde im Rahmen dieser Diplomarbeit bereits ausführlich besprochen. Wie bereits erwähnt folgte der OGH der Ansicht *Nowakowskis* und bejahte, dass der Schuldspruch im Strafurteil bindend feststelle, dass der Angeklagte die Straftat tatsächlich begangen habe. An diese Feststellung ist der Zivilrichter im nachfolgenden Zivilprozess gebunden. Jedoch sind hier die Grenzen des Art 6 Abs 1 EMRK zu beachten, wonach die Bindungswirkung nicht zu Lasten jener Parteien im Zivilprozess gehen darf, die am vorangegangenen Strafverfahren nicht beteiligt waren.[151]

4.2 Tatbestandswirkung von Straferkenntnissen

Die zweite Möglichkeit, ein Strafurteil dem Zivilurteil zugrunde zu legen, besteht in der Tatbestandswirkung. Unter dieser versteht man, dass das Strafurteil den Bestandteil eines weiteren materiellrechtlichen Tatbestands des Zivilrechts bildet. Das bedeutet, dass ein bestimmter zivilrechtlicher Tatbestand erst dann erfüllt ist, wenn ein bestimmtes rechtskräftiges Strafurteil vorliegt. Allerdings ist die Tatbestandswirkung von Straferkenntnissen eher von untergeordneter Bedeutung, weil es nur einige wenige Bestimmungen gibt, die kaum ins Gewicht fallen.[152]

---

[151] Vgl auch *Albrecht*, § 268 ZPO und Wiederaufnahmsklage, ÖJZ 1994, 41 (42).

[152] *Albrecht*, ÖJZ 1994, 42; Siehe zB *Simotta*, NZ 1991, 76, welche einige Beispielparagraphen anführt (so etwa §§ 540 und 1489 ABGB).

5 ZUR BINDUNGSWIRKUNG DER ENTSCHEIDUNG DES VERSTÄRKTEN SENATES

5.1 Kritische Auseinandersetzung mit der Judikatur und Literatur

Zunächst einmal meldete sich *Oberhammer* zu Wort. Er befürwortete die Grundsatzentscheidung des OGH vom verfassungsrechtlichen Standpunkt her: Einerseits sei es überzeugend, dass die verfassungsrechtliche Aufgabenverteilung unter den verschiedenen Staatsorganen zur Konsequenz habe, dass die von den jeweiligen Organen gefällten Entscheidungen auch für die anderen Staatsorgane bindend seien. Auf der anderen Seite stehe die Grundsatzentscheidung des OGH auch mit dem (oben bereits besprochenen) früheren Erkenntnis des VfGH in Einklang, da der OGH unter Beachtung des Art 6 Abs 1 EMRK ausspricht, dass die Bindungswirkung nur zu Lasten des Verurteilten gehen könne, womit das rechtliche Gehör unbeteiligter Dritter gewahrt bleibe. *Oberhammer* weist aber darauf hin, dass sich dieses Ergebnis auch bereits durch eine verfassungskonforme Interpretation des § 268 ZPO erzielen hätte lassen.[153]

Er ging auch auf die Aussage des OGH ein, wonach es nicht zu entscheiden gewesen sei, „ob das verurteilende Straferkenntnis für die Frage der vertraglichen Deckungspflicht eines Versicherers Tatbestandswirkung haben kann". Er gab im Hinblick darauf zu bedenken, dass es für die Frage der verfassungsrechtlichen Zulässigkeit einer Bindung von am zugrundeliegenden Verfahren unbeteiligten Dritten keine Rolle spielen könne, ob diese Bindung nun im Gewand der „Tatbestandswirkung" oder der „Rechtskraft" auftritt. Schließlich könne ein Verstoß gegen Art 6 Abs 1 EMRK nicht davon abhängen, ob der Gesetzgeber einen derartigen Verstoß durch Anordnung einer Tatbestandswirkung „tarnt", da Art 6 Abs 1 EMRK nicht unterscheide, wie eine Entscheidungswirkung innerstaatlich-dogmatisch einzuordnen sei.[154]

Auch *Graff* meldete sich in weiterer Folge zu Wort. Er bedauerte die Entwicklung dieser Rechtsprechung, weil sie kontrovers sei. Zum einen würden Richter bei jeder Gelegenheit ihre Unabhängigkeit unterstreichen, zum anderen streben sie beim Judizieren gegenseitige Abhängigkeiten und Bindungswirkungen an, die ihnen die Sachentscheidung im zugrundeliegenden Fall ersparen sollen.[155] Abgesehen davon sei das mahnende Erkenntnis des VfGH unbeachtet geblieben, wonach das Nebeneinander gebundener und nicht gebundener

---

[153] *Oberhammer*, Feststellungswirkung des Strafurteils für den nachfolgenden Zivilprozeß, JAP 1995/1996, 124 (127 f).

[154] *Oberhammer*, JAP 1995/1996, 128.

[155] *Graff*, AnwBl 1996, 79 (EAnm).

Beteiligter – etwa in Rückgriffs- oder in Haftungsfällen – mehrere Fragen aufwerfe, die der Lösung durch den Gesetzgeber bedürften. Laut *Graff* habe der OGH die Kompetenz des Gesetzgebers, eine allfällige Bindung des Zivilrichters an Strafurteile in Einklang mit Art 6 Abs 1 EMRK zu regeln und abzugrenzen, an sich gezogen, wodurch mehr Fragen aufgeworfen als gelöst wurden. Es sei Aufgabe des Gesetzgebers, eine über die Verfahrensparteien hinausreichende Bindungswirkung einer in Rechtskraft erwachsenen Entscheidung anzuordnen. Dies dürfe nicht bloß aus allgemeinen Prinzipien hergeleitet werden.[156] Zum Abschluss appellierte *Graff* noch an den Gesetzgeber, er möge ausdrücklich im Gesetz anordnen, dass ein rechtskräftiges Strafurteil in Folgeprozessen die widerlegbare Vermutung der tatsächlichen Richtigkeit für sich habe.[157]

Auf die Entscheidung des 2. Senats[158] reagierte zunächst *Schauer* mit einem literarischen Beitrag. Er stimmte der Ansicht des 2. Senats zu und befürwortete dessen richtige rechtliche Beurteilung, wonach es mit dem Grundrecht auf rechtliches Gehör unvereinbar wäre, wenn der Haftpflichtversicherer bezüglich seiner eigenen Verbindlichkeit gegenüber dem Geschädigten an die Ergebnisse eines Strafverfahrens gebunden wäre, an dem er nicht teilnehmen konnte.[159] *Schauer* bemängelt jedoch, dass letztendlich auch in der Entscheidung des 2. Senats erneut die Frage nach einer Tatbestandwirkung des Strafurteils für die Frage der vertraglichen Deckungspflicht des Versicherers offengeblieben sei. Damit sei gemeint, dass die tatsächlichen Voraussetzungen der Haftpflichtschuld des Schädigers durch ein Strafurteil festgestellt werden könnten, sodass der Versicherer im Deckungsprozess daran gebunden sei. Einer solchen möglichen Bindungsvariante widerspricht *Schauer* allerdings entschieden. Dies wäre nämlich bloß ein weiterer Versuch, die rechtlichen Folgen eines Strafverfahrens über das Institut der Tatbestandswirkung in die Rechtssphäre eines Dritten hineinzutragen. Dadurch würde Art 6 Abs 1 EMRK erneut verletzt werden.[160]

Sehr viel ausführlicher meldete sich *Albrecht* zu dieser Thematik zu Wort. Sie ging zunächst genauer auf die Argumentation des verstärkten Senates im Zusammenhang mit der Ansicht *Nowakowskis* ein.

---

[156] *Graff*, AnwBl 1996, 80 (EAnm).

[157] *Graff*, AnwBl 1996, 81 (EAnm).

[158] OGH 30.05.1996, 2 Ob 2070/96t.

[159] *Schauer*, Bemerkungen zur Bindung des Haftpflichtversicherers an Strafurteile, RdW 1997, 5 (7).

[160] *Schauer*, RdW 1997, 8.

Dabei gab sie zu bedenken, dass *Nowakowski* selbst seine Lehre von der bindenden Feststellung der Tatsachen ausschließlich auf das Strafrecht beziehe. Dem Strafurteil komme also nicht automatisch Bindungswirkung für einen nachfolgenden Zivilprozess zu. Erst § 268 ZPO ordnete eine solche besondere verfahrensübergreifende Bindungswirkung in den Zivilprozess hinein an. Diese Bestimmung existiere allerdings nicht mehr, weshalb auch die Bindungswirkung fraglich sei.[161] Hier kann jedenfalls festgestellt werden, dass der OGH die Argumentation *Nowakowskis* hinsichtlich der Bindungswirkung in richterlicher Rechtsfortbildung auf den Zivilprozess erweitert hat.

Sie betonte auch, dass das Ansehen eines rechtskräftigen Strafurteils – entgegen der Ansicht des OGH in seiner Rsp – durch die Möglichkeit, den zugrundeliegenden Sachverhalt im Zivilverfahren anders zu beurteilen, nicht verletzt werde, weil Zivil- und Strafprozess ganz unterschiedliche Verfahrenszwecke verfolgen. Während das Strafverfahren die Spezial- und Generalprävention zum Ziel habe, gehe es in einem darauffolgenden Zivilprozess um den vermögensrechtlichen Ausgleich eines allfällig erlittenen Schadens. Die Gemeinsamkeit beider Verfahren liege lediglich darin, dass es sich um denselben Tatsachenkomplex handle, an den die Rechtsordnung jedoch unterschiedliche Rechtsfolgen knüpfe. Nur weil im späteren Zivilprozess abweichende Tatsachenfeststellungen getroffen werden, bedeute dies noch nicht, dass damit der Zweck des Strafurteils in Frage gestellt werde. Vielmehr werde damit dem Umstand Rechnung getragen, dass Tatsachenfeststellungen prinzipiell immer im Hinblick auf die Subsumtion unter einen konkreten Tatbestand getroffen werden. Deren rechtliche Beurteilung könne sich somit im jeweiligen Verfahren anders darstellen.[162]

Albrecht ging auch auf die Grenzen der Feststellungswirkung strafgerichtlicher Urteile näher ein, weil der OGH in seiner Grundsatzentscheidung die Frage nach dem genauen Umfang der Bindungswirkung offengelassen hat. Im Vordergrund stehe hier die Frage, welche konkreten festgestellten Tatsachen durch das Strafurteil in Rechtskraft erwachsen. Sie kommt zum Ergebnis, dass jedenfalls jene Tatsachen in Rechtskraft erwachsen müssten, die dem Beweis und der Zurechnung der strafbaren Handlung dienen. Es handelt sich dabei um jene Tatsachen, die zur Begründung des Schuldspruchs herangezogen werden. Andernfalls wäre der Verurteilte nämlich an (überschießende) Tatsachenfeststellungen im Strafurteil gebunden, die er nicht mit entsprechenden Rechtsmitteln bekämpfen könnte.[163] Schließlich kann der Verurteilte mit einer

[161] *Albrecht*, ÖJZ 1997, 204.

[162] *Albrecht*, ÖJZ 1997, 204.

[163] *Albrecht*, ÖJZ 1997, 207 f.

Schuldberufung ja nur jene Tatsachenfeststellungen bekämpfen, die seinen Schuldspruch begründet haben. Jene Tatsachen, die darüber hinaus festgestellt wurden, kann er mit der Schuldberufung nicht bekämpfen. Würden diese Tatsachen nun Bindungswirkung entfalten, so könnte sich der Verurteilte dagegen nicht wehren, wodurch sein rechtliches Gehör verletzt wäre.

Schließlich besprach *Albrecht* auch noch die vom OGH in seiner Grundsatzentscheidung offengelassene Frage hinsichtlich der Bindung des Zivilrichters an die rechtliche Qualifikation des Strafrichters. Hierbei führte sie aus, dass die rechtliche Qualifikation einer Straftat zweifellos in Rechtskraft erwachse. Eine Bindungswirkung des Zivilrichters könne ihrer Meinung nach allerdings nur in jenen Fällen eintreten, in denen die strafrechtliche Einordnung des Tatbestands Vorfrage im nachfolgenden Zivilprozess sei. Geht man – wie auch der OGH – von der Ansicht aus, dass mit dem Strafurteil die verantwortliche Begehung der Straftat mit allen schuldbegründenden Tatumständen rechtskräftig festgestellt werde, so müsse eine Bindung auch an die rechtliche Qualifikation der Tatsachen zumindest in jenem Ausmaß bejaht werden, in dem sich die anspruchsbegründenden Tatbestandsmerkmale des Zivilrechts und des Strafrechts decken. Eine Bindung hinsichtlich der vom Strafrichter festgestellten Qualifikationen trete im nachfolgenden Zivilprozess also immer dann ein, wenn die Voraussetzungen für das Vorliegen der Qualifikationen sowohl im Zivil- als auch im Strafverfahren ident sind.[164]

Auch *Klicka* äußerte sich kritisch zur Entscheidung des 2. Senates[165]. Wegen der typischen Mehrparteienkonstellation im Kraftfahrzeughaftpflichtbereich und dem damit im Zusammenhang stehenden § 28 KHVG sei zwar eine Bindung an das Strafurteil nicht durchführbar, da es andernfalls zu Verletzungen des Art 6 Abs 1 EMRK käme. Dabei betonte er jedoch die Unhaltbarkeit der These des verstärkten Senates in seiner Grundsatzentscheidung zur Bindung an die Tatsachenfeststellungen eines Strafurteils, indem er ein einfaches Beispiel veranschaulichte: Wenn A als Lenker eines Kfz einen Unfall mit Verletzungsfolgen verursacht, so ist er an das gegen ihn ergangene Strafurteil aufgrund von § 28 KHVG nicht gebunden. Wenn A aber als Lenker eines Fahrrades wegen demselben Sachverhalt strafgerichtlich verurteilt wurde, dann wäre er sehr wohl an das gegen ihn ergangene Strafurteil gebunden, weil § 28 KHVG nicht zur Anwendung gelangt. Dieses unterschiedliche Ergebnis ließe sich laut *Klicka*

[164] *Albrecht*, ÖJZ 1997, 209.

[165] OGH 30.05.1996, 2 Ob 2070/96t.

nicht rechtfertigen, weshalb er auch zum Ergebnis gelangt, dass die These des verstärkten Senates in seiner Grundsatzentscheidung unhaltbar sei.[166]

Er ging mit seinen kritischen Ausführungen allerdings noch weiter und betonte den eklatanten Widerspruch, der durch die vom verstärkten Senat vertretene Bindungswirkung entsteht, wenn es zu einem Nebeneinander von mehreren Beklagten im Zivilprozess kommt, von denen ein Teil an das Strafurteil gebunden ist, der andere Teil hingegen nicht. Seiner Meinung nach sei dieses Ergebnis, dass sich das Zivilgericht hinsichtlich des einen Beklagten für nicht gebunden erachten müsse, bezüglich des anderen Mitbeklagten aber doch als gebunden anzusehen sei, noch weniger zu akzeptieren als ein Widerspruch zwischen Zivilurteil und Strafurteil. Denn bei einem Konflikt zwischen einem Zivil- und Strafurteil werden immerhin zwei verschiedene staatliche Behörden tätig, weshalb man die diesbezüglichen Entscheidungsdivergenzen noch als Konsequenz der unterschiedlichen Verfahrenszwecke dieser beiden Rechtswege rechtfertigen könne. Keineswegs könne aber eingesehen werden, warum ein und dasselbe Zivilgericht hinsichtlich verschiedener Beklagter zu unterschiedlichen Tatsachenfeststellungen gelangt. In einem solchen Fall müsste nämlich der im vorherigen Strafverfahren Verurteilte als Erstbeklagter im nachfolgenden Zivilprozess mitansehen, wie für seinen Zweitbeklagten ein Beweisverfahren durchgeführt wird, aber die für ihn sprechenden Feststellungen nicht auch zugunsten des Erstbeklagten verwertet werden dürften. Da die Beweise im selben Verfahren aufgenommen wurden, könne man nicht damit argumentieren, dass verfahrensökonomische Gründe für eine Bindung an die Tatsachenfeststellungen des Strafurteils sprechen. Zudem sei es nicht zu rechtfertigen, wenn sich das Zivilgericht in begründeter und nachvollziehbarer Weise eine Überzeugung vom Sachverhalt verschafft, bezüglich des einen (an das Strafurteil gebundenen) Beklagten jedoch sehenden Auges ein Urteil fällen muss, von dessen Unrichtigkeit das Gericht überzeugt ist.[167]

Zum Schluss schlägt *Klicka* zwei alternative Lösungsmöglichkeiten vor: Entweder der OGH überdenkt seine alte Grundsatzentscheidung und gelangt durch einen weiteren verstärkten Senat zu einer neuen Grundsatzentscheidung, welche die hier besprochenen Probleme löst, oder der Gesetzgeber stellt ein für alle Mal klar, dass § 268 ZPO wirklich aufgehoben sein soll.[168]

Auf eine weitere Konstellation, die der verstärkte Senat in seiner Grundsatzentscheidung nicht bedenken konnte, ging später noch *Bollenberger* ein. Er untersuchte die Bindungsproblematik

---

[166] *Klicka*, Bindungswirkung des Strafurteils / Rechtskrafterstreckung des abweisenden Haftpflichturteils, JBl 1998, 584 (588).

[167] *Klicka*, JBl 1998, 588.

[168] *Klicka*, JBl 1998, 588.

jener Entscheidungsdivergenzen zwischen Zivil- und Strafurteil, die sich aus der zwischenzeitigen Änderung der einschlägigen Normen ergeben.[169]

Zum Verständnis sei folgendes abstraktes Beispiel angeführt: A begeht eine Straftat und wird deshalb verurteilt. Durch diese Straftat hat B einen Schaden erlitten. B möchte nun diesen Schaden im nachfolgenden Zivilprozess einklagen. In der Zwischenzeit hat der Gesetzgeber jedoch den Straftatbestand, aufgrund dessen A verurteilt wurde, aufgehoben. A würde also nach der derzeitigen Rechtslage freigesprochen werden. Kann sich B im nachfolgenden Zivilprozess nun auf die strafgerichtliche Verurteilung des A und die damit einhergehende Bindungswirkung berufen, obwohl die ehemalige Straftat nach derzeitiger Rechtslage keine Straftat mehr ist?

Bollenberger berief sich zur Beantwortung dieser Frage auf eine ehemalige Entscheidung des OGH[170] und kam zum Ergebnis, dass sich der Geschädigte im nachfolgenden Zivilprozess unabhängig von einer zwischenzeitigen Gesetzesänderung auf die Bindungswirkung des Strafurteils berufen könne, da die Gesetzesänderung nur den öffentlich-rechtlichen Anspruch des Staates auf Bestrafung betreffe, während die zivilrechtliche Haftung davon unberührt bleibe. Das Zivilrecht beurteilt die Rechtswidrigkeit eines Verhaltens nämlich nach dem Zeitpunkt jener Norm, die zum Zeitpunkt der schädigenden Handlung in Geltung war, weshalb eine nachträgliche Änderung der Strafgesetze in diesem Fall im Zivilverfahren unberücksichtigt bleiben darf.[171] Der Zivilrichter ist daher an das verurteilende Straferkenntnis des Strafrichters gebunden und hat dem Geschädigten seinen Schadenersatz zuzusprechen.

Zusammenfassend kann also gesagt werden, dass die – bis heute unverändert gebliebene – Judikatur des OGH zur Bindungswirkung von Strafurteilen in der Literatur aus verschiedensten Blickwinkeln auf Kritik gestoßen ist. Bereits der VfGH hat in seinem Erkenntnis[172] ausdrücklich darauf hingewiesen, dass die Bindungsproblematik, die durch das Nebeneinander von gebundenen und nicht-gebundenen Beteiligten entsteht, vom Gesetzgeber zu lösen sei. Auch wenn der OGH sich bei der Lösung dieser Bindungsproblematik bemüht hat, konnte er nicht alle Problemfälle abdecken, weil letztendlich auch seiner Rechtsfortbildung Grenzen gesetzt sind.

Nachfolgend sollen nun jene Grenzen der Bindungswirkung strafgerichtlicher Urteile besprochen werden, über die sowohl in der Literatur als auch in der Judikatur Einigkeit besteht.

---

[169] *Bollenberger*, Zivilrechtliche Folgen einer strafrechtlichen Verurteilung, ÖJZ 2008, 515 (517).

[170] Vgl OGH 18.04.2002, 2 Ob 71/02h ZIK 2002, 144 = RdW 2002, 595 = ÖBA 2003, 229 = ZVR 2002, 78 (*Danzl*).

[171] *Bollenberger*, ÖJZ 2008, 517.

[172] VfGH 12.10.199, G 73/89.

6 GRENZEN DER BINDUNGSWIRKUNG STRAFGERICHTLICHER ENTSCHEIDUNGEN

6.1 Freispruch

Bereits *Oberhammer*[173] hat damals in seiner Stellungnahme zur Entscheidung des verstärkten Senates ausgeführt, dass nur verurteilende Entscheidungen der Strafgerichte eine Feststellungswirkung für nachfolgende Zivilprozesse entfalten können. *Graff*[174] kritisierte hingegen die Entscheidung des verstärkten Senates, weil sie keine Unterscheidung zwischen verurteilenden und freisprechenden strafgerichtlichen Entscheidungen treffen würde, weshalb die Gründe des verstärkten Senates auf beide Arten von Entscheidungen zutreffen würden. Ihm zufolge müsse die Bindungswirkung von freisprechenden Urteilen ebenso existieren wie jene von verurteilenden Entscheidungen, weil nirgends in unserer Rechtsordnung normiert sei, dass verurteilende Entscheidungen „rechtskräftiger" wären als freisprechende Entscheidungen.

In seiner Entscheidung vom 20.11.1996[175] hat der OGH zu dieser Thematik Stellung genommen und sich ausdrücklich der Meinung von *Oberhammer* angeschlossen. Daneben führte der OGH näher aus: Es sei grundrechtlich unbedenklich, dass der Verurteilte die materielle Rechtskraft des strafgerichtlichen Urteils im nachfolgenden Rechtsstreit gegen sich gelten lassen müsse. Jedoch würde es gegen die Grundsätze eines fairen Verfahrens verstoßen, wenn der durch die Straftat Geschädigte, der sich als Privatbeteiligter dem Strafverfahren angeschlossen hat, an den Freispruch des Angeklagten gebunden wäre. Dies deshalb, weil die Parteienrechte des Privatbeteiligten im Strafprozess insofern eingeschränkt sind, als der Privatbeteiligte dort keine ausreichenden Möglichkeiten hat, um seine privatrechtlichen Interessen zu verfolgen. Zudem ergibt sich aus § 366 Abs 1 StPO, dass der Gesetzgeber eine Bindung des Privatbeteiligten an den Freispruch des Angeklagten gar nicht im Sinn hatte.

§ 366 Abs 1 StPO (in der aktuellen Fassung) lautet: „*Wird der Angeklagte freigesprochen, so ist der Privatbeteiligte mit seinen Ansprüchen auf den Zivilrechtsweg zu verweisen.*"

Der Privatbeteiligte kann also ungeachtet eines Freispruchs des Angeklagten seine aus der Straftat resultierenden Schadenersatzansprüche gegen den freigesprochenen Schädiger im nachfolgenden Zivilprozess geltend machen. Würde man dem Privatbeteiligten im

[173] *Oberhammer*, Verstärkter Senat – Bindung ans Strafurteil, ecolex 1995, 790.

[174] *Graff*, AnwBl 1996, 80 (EAnm).

[175] OGH 20.11.1996, 7 Ob 2309/96a SZ 69/259.

nachfolgenden Zivilprozess entgegenhalten, dass er an den Freispruch des Angeklagten gebunden sei, so würde dies dem Sinn des § 366 Abs 1 StPO widersprechen. Aus diesem Grund entfalten freisprechende Urteile keine materielle Bindungswirkung.[176] Dies gelte auch dann, wenn aufgrund des Beweisverfahrens im Strafprozess festgestellt wurde, dass der Beschuldigte die ihm zur Last gelegte Tat gar nicht begangen hat.[177]

6.2 Diversion

Gem §§ 198 ff StPO kann die Staatsanwaltschaft unter bestimmten Voraussetzungen von der Verfolgung des Straftäters zurücktreten. Dies bezeichnet man als Diversion. Bei der Diversion kommt es zu keiner strafgerichtlichen Verurteilung, weil gerade eine solche vermieden werden soll. Da das Strafverfahren also nicht mit einem Urteil endet, fehlt es an einem Schuldspruch, der in Rechtskraft erwachsen und feststellen könnte, dass der Beschuldigte die darin angeführte Straftat begangen hat. Aus diesem Grund kann die Diversion keine Bindungswirkung für einen nachfolgenden Zivilprozess entfalten.[178]

6.3 Einstellung des Strafverfahrens

Da nur ein Urteil materielle Rechtskraft und damit einhergehend eine Bindungswirkung im nachfolgenden Zivilprozess entfalten kann, ist es selbstredend, dass die bloße Einstellung des Strafverfahrens durch die Staatsanwaltschaft nach §§ 190 ff StPO keinerlei Bindungswirkungen entfalten kann. Es gilt also auch hier das zur Diversion gesagte.[179]

Als nächstes sollen nun drei ausgewählte Spezialgebiete im Zusammenhang mit der Bindungswirkung strafgerichtlicher Urteile näher besprochen werden, um den Umfang und die Bandbreite der Bindungswirkung zu veranschaulichen.

---

[176] OGH 20.11.1996, 7 Ob 2309/96a; RIS-Justiz RS0106015.

[177] Siehe zB OGH 26.03.2009, 6 Ob 18/09d Zak 2009/326 = EF-Z 2009/118 (*Beck*) = EvBl 2009/118 = Zak 2010/136 (*Aichinger*) und OGH 23.10.2013, 2 Ob 173/13z Zak 2013/815.

[178] OGH 23.09.2004, 2 Ob 186/04y Jus-Extra OGH-Z 3850 = JBl 2005, 393 = ZVR 2005, 92 (*Danzl*) = MietSlg 56.663.

[179] OGH 09.09.1999, 8 ObA 218/99p.

7 UMFANG DER BINDUNGSWIRKUNG

7.1 Zur Bindungswirkung im Bereich der Kfz-Haftpflichtversicherung

Wie bereits *Fuchs* ausdrücklich in einem früheren literarischen Beitrag sagte: „*Rechtliches Gehör, Entscheidungsharmonie und Prozessökonomie stoßen aneinander, wenn man das Bindungskonzept des verstärkten Senates 1 Ob 612/95 und die eigenartigen Rechtskrafterstreckungsvorschriften des KHVG miteinander vereinbaren will*“.[180]

Bei Unfällen mit Kfz handelt es sich um den häufigsten Anwendungsfall der Bindungswirkung strafgerichtlicher Urteile in der Praxis. Aus diesem Grund soll dieser Spezialbereich hier noch einmal näher besprochen werden, um ein Verständnis für diesen komplexen Bereich und die damit verbundenen Probleme zu schaffen.

Üblicherweise sind an einem Verkehrsunfall folgende Personen beteiligt: Halter, Lenker, Haftpflichtversicherer und Geschädigter. Im Normalfall zeigt der Geschädigte den Lenker an, der dann im Strafverfahren verurteilt wird. Anschließend klagt der Geschädigte üblicherweise entweder den Lenker oder dessen Haftpflichtversicherer im Zivilverfahren. Meistens bedenkt der Geschädigte nicht, dass auch der Halter unter Umständen zur Haftung herangezogen werden könnte. Es stellt sich angesichts der (oben bereits ausführlich besprochenen) Judikatur des OGH jedoch die Frage, ob Halter, Lenker und Haftpflichtversicherer im nachfolgenden Zivilprozess an das Strafurteil gegen den Schädiger gebunden sind. Dies soll im Folgenden näher untersucht werden.

Als erstes stellt sich die Frage, ob der **Halter** an das gegen den Lenker ergangene Strafurteil gebunden ist, wenn er im nachfolgenden Zivilprozess aufgrund der in den §§ 1 iVm 5 Abs 1 EKHG[181] verankerten Gefährdungshaftung vom Geschädigten geklagt wird. Anders ausgedrückt: Kann sich der Geschädigte im Zivilprozess gegen den Halter auf das rechtskräftige Strafurteil berufen, das gegen den Lenker ergangen ist?

Die Antwort auf diese Frage kann man bereits aus den subjektiven Grenzen der materiellen Rechtskraft des Strafurteils ableiten. Die Bindungswirkung erstreckt sich nämlich nur auf die Parteien des Strafverfahrens und den Rechtskreis des Verurteilten. Sofern der Halter also im

180 *Fuchs*, Zur Bindungswirkung des verurteilenden Straferkenntnisses im Bereich der Kfz-Haftpflichtversicherung (1. Teil), ÖJZ 2001, 821.

181 Bundesgesetz vom 21. Jänner 1959 über die Haftung für den Ersatz von Schäden aus Unfällen beim Betrieb von Eisenbahnen und beim Betrieb von Kraftfahrzeugen BGBl 1959/48.

Strafverfahren nicht als Partei beteiligt war, kann er von der Bindungswirkung nicht erfasst werden, weil dies einen Verstoß gegen Art 6 Abs 1 EMRK darstellen würde, wodurch sein rechtliches Gehör verletzt wäre. Dieses Ergebnis steht auch im Einklang mit der bisherigen OGH-Rsp und der hL.[182]

Vorstellbar ist hier noch jene Konstellation, in der sich der Halter dem Strafverfahren als Privatbeteiligter angeschlossen hat, um seine eigenen zivilrechtlichen Ansprüche geltend zu machen. Aber auch in diesem Fall wäre der Halter im nachfolgenden, vom Geschädigten eingeleiteten Zivilprozess (trotz vorheriger Beteiligung am Strafprozess) nicht an das gegen den Lenker ergangene Strafurteil gebunden, weil seine Stellung als Privatbeteiligter (wie bereits weiter oben besprochen) zu schwach ist, um sein rechtliches Gehör angemessen wahren zu können. Umgekehrt, also wenn der Halter selbst den Lenker auf Schadenersatz aus dem Verkehrsunfall klagt, besteht eine Bindungswirkung aber sehr wohl, weil ihm ja die Bindungswirkung in diesem Fall zum Vorteil gereichen würde.[183]

Am Rande sei noch jene Variante zu erwähnen, bei der die Person des Halters und die des Lenkers auseinanderfallen, aber dennoch beide verurteilt worden sind (zB, weil der Halter einem schwer Betrunkenen sein Kfz überlassen und dieser als Lenker danach einen Verkehrsunfall verursacht hat, wodurch ein Dritter verletzt wurde). Da der Halter sein rechtliches Gehör im entsprechenden Strafverfahren wahren konnte, wird er in diesem Fall von den subjektiven Grenzen der materiellen Rechtskraft erfasst. Er ist daher an das Strafurteil gebunden.[184]

Als nächstes stellt sich die Frage, ob der **Lenker** im nachfolgenden Zivilprozess an das gegen ihn ergangene Strafurteil gebunden ist. Man könnte nun meinen, dass die Antwort auf diese Frage keinerlei Probleme aufwerfen dürfe. Der Lenker hat ja schließlich am Strafverfahren als Angeklagter teilgenommen und ist dort (unter Wahrung seines rechtlichen Gehörs) verurteilt worden. Aus diesem Grund müsste er zweifelsfrei von den subjektiven Grenzen der materiellen Rechtskraft erfasst werden. Problematisch ist hier jedoch die Entscheidung des 2. Senates des OGH[185], welche der Rechtskrafterstreckung des § 28 KHVG Vorrang vor der Bindungswirkung des Strafurteils einräumt. Denn diese Rechtskrafterstreckung führt (wie bereits besprochen) genau dazu, dass der Lenker im nachfolgenden Zivilprozess eben nicht an das gegen ihn

---

[182] Vgl dazu etwa OGH 20.03.1997, 2 Ob 72/97w; *Fuchs*, Zur Bindungswirkung des verurteilenden Straferkenntnisses im Bereich der Kfz-Haftpflichtversicherung (2. Teil), ÖJZ 2001, 880 (880 f).

[183] *Fuchs*, ÖJZ 2001, 881.

[184] *Fuchs*, ÖJZ 2001, 881.

[185] OGH 02.04.1998, 2 Ob 257/97a.

ergangene Strafurteil gebunden ist. Der OGH rechtfertigt diesen Vorrang, weil seiner Auffassung nach § 28 KHVG als ausdrückliche gesetzliche Regelung eine *lex specialis* im Vergleich zur (aus allgemeinen Verfahrensgrundsätzen abgeleiteten) Bindungswirkung von Strafurteilen darstelle. *Fuchs* kritisiert diese Auffassung des OGH jedoch, weil § 28 KHVG ihrer Meinung nach nicht dazu eingeführt worden sei, um die Rechtskraft einer Entscheidung zu durchbrechen.[186] Die Kfz-Haftpflichtversicherung sei ursprünglich mit dem KFG 1929[187] eingeführt worden, um dem Geschädigten einen potenten Haftungsfonds (zusätzlich zum Schädiger) zu eröffnen.[188] Die Pflichtversicherung soll also nicht nur der wirtschaftlichen Existenz des Versicherungsnehmers dienen, sondern insb auch potentielle Opfer von Kfz-Verkehrsunfällen besser schützen.[189]

Der 2. Senat des OGH erreiche mit seiner Entscheidung jedoch genau den gegenteiligen Effekt, der vom Gesetzgeber nicht beabsichtigt gewesen sei: Wenn der Lenker nämlich im nachfolgenden Zivilprozess nicht an das gegen ihn zuvor ergangene Strafurteil gebunden ist, dann kann der Geschädigte sich nicht auf dessen Verurteilung stützen. Dem Geschädigten wird also das volle Prozessrisiko aufgebürdet.[190] Im schlimmsten Fall eines klagsabweisenden Urteils gegen den Haftpflichtversicherer, erstreckt sich dieses auf den Lenker, wodurch dem Geschädigten die Möglichkeit genommen wird, gegen diese beiden Personen seinen Schadenersatz erfolgreich zu begehren. Damit liegt gar kein Haftungsfonds vor und das Opfer des Kfz-Verkehrsunfalls wird in keinerlei Hinsicht geschützt. Der Geschädigte ginge in diesem Fall höchstwahrscheinlich leer aus.

Fuchs schlägt daher vor, § 28 KHVG insofern teleologisch zu reduzieren, als der strafgerichtlich verurteilte Lenker von dieser Bestimmung nicht erfasst wird. Dadurch könne man die materielle Rechtskraft des Strafurteils wahren und man könne auch keinen Verstoß gegen Art 6 Abs 1 EMRK erblicken, da der Verurteilte ohnehin die Möglichkeit hatte, sein rechtliches Gehör im Strafprozess zu wahren.[191] Folgt man dieser Ansicht, so kann sehr wohl davon ausgegangen werden, dass der Lenker auch für den Bereich der Kfz-Haftpflichtversicherung an das Strafurteil gebunden ist.

---

[186] *Fuchs*, ÖJZ 2001, 881.

[187] Bundesgesetz vom 20. Dezember 1929 über das Kraftfahrwesen BGBl 1929/437.

[188] Vgl EB zum KFG 1929 (121 BlgNR 3. GP 2 f).

[189] *Schauer*, Das österreichische Versicherungsvertragsrecht[3] (1995) 416.

[190] *Fuchs*, ÖJZ 2001, 884.

[191] *Fuchs*, ÖJZ 2001, 884.

Zuletzt stellt sich noch die Frage, ob der **Haftpflichtversicherer** im nachfolgenden Zivilprozess an das gegen den Lenker ergangene Strafurteil gebunden ist. Grundsätzlich ist auch hier davon auszugehen, dass der Versicherer nicht von der materiellen Rechtskraft des gegen den Lenker ergangenen Strafurteils erfasst wird, weil er am vorangegangenen Strafverfahren meistens nicht beteiligt war und damit nicht sein rechtliches Gehör wahren konnte. Zum selben Ergebnis gelangen auch *Albrecht*[192], *Oberhammer*[193] und *Schauer*[194]. Wenn der Lenker im nachfolgenden Schadenersatzprozess ein klagsabweisendes Urteil gegen den Geschädigten erwirkt hat, so kommt es gem § 28 KHVG zu einer Rechtskrafterstreckung zugunsten des Versicherers. Klagt der Geschädigte also im Anschluss den Haftpflichtversicherer des Lenkers, so wird er mit seinem Schadenersatzanspruch auch hier scheitern.[195]

Damit stellt sich aber die weitere Frage nach der vertraglichen Deckungspflicht des Versicherers. Wie bereits erwähnt kann der Versicherer – obwohl der Lenker im Strafverfahren bereits rechtskräftig verurteilt wurde – im nachfolgenden Zivilprozess ein klagsabweisendes Urteil gegen den Geschädigten bewirken, weil er aufgrund von Art 6 Abs 1 EMRK nicht an die Verurteilung des Lenkers gebunden ist. Dennoch hat der Lenker aber den Versicherungsfall dadurch ausgelöst, dass er die Person des Geschädigten mit seinem Kfz verletzt hat und damit einen Schadenersatzanspruch aus dem Verkehrsunfall bewirkt hat. Warum hat sich der Versicherer also verpflichtet, wenn er letztendlich aufgrund der fehlenden Bindungswirkung keine Versicherungsleistung erbringen muss? Oder anders ausgedrückt: Gibt es eine Möglichkeit, die den Haftpflichtversicherer trotz fehlender Bindungswirkung dennoch zur Leistung verpflichtet?

Fuchs hat für diesen Fall vorgeschlagen, den Haftpflichtversicherer über die Tatbestandswirkung des rechtskräftigen Urteils zur Leistung zu verpflichten. Demnach bewirke das rechtskräftige Strafurteil den Eintritt des Versicherungsfalls, sodass der Haftpflichtversicherer aufgrund seiner versicherungsvertraglichen Verpflichtung zur Leistung des Schadenersatzes verpflichtet wird. Sie leitet diesen Vorschlag aus dem Befreiungsanspruch des versicherten Lenkers ab.[196]

Dazu folgendes Beispiel zur Veranschaulichung: A (Geschädigter) klagt B (Lenker) auf Schadenersatz und beruft sich im Zivilprozess dem B gegenüber erfolgreich auf das frühere

---

[192] *Albrecht*, ÖJZ 1997, 211.

[193] *Oberhammer*, ecolex 1995, 790 (EAnm); JAP 1995/1996, 128 und ecolex 1998, 760 (EAnm).

[194] *Schauer*, RdW 1997, 7.

[195] *Fuchs*, ÖJZ 2001, 884 f.

[196] *Fuchs*, ÖJZ 2001, 888.

Strafurteil. B muss nun Schadenersatz leisten. Jedoch ist B bei C haftpflichtversichert. Er will sich sein Geld daher von C (Haftpflichtversicherer) zurückholen. Im Verhältnis zu A wäre C nicht zum Schadenersatz verpflichtet, weil die Bindungswirkung des gegen B ergangenen Strafurteils für ihn nicht gilt. Allerdings hat B aufgrund seines mit C abgeschlossenen Versicherungsvertrags einen Befreiungsanspruch gegenüber dem C. B musste ja schließlich Schadenersatz aus einem Kfz-Verkehrsunfall leisten. Und genau dieser Versicherungsfall ist laut Haftpflichtversicherungsvertrag abgesichert. B kann also seinen Anspruch gegen C einklagen, wonach C verpflichtet ist, den B von seinem geleisteten Schadenersatz zu befreien (daher auch Befreiungsanspruch).[197] Sowohl das Zivil- als auch das Strafurteil beweisen, dass B den Versicherungsfall zunächst ausgelöst und anschließend selbst Schadenersatz an A geleistet hat. Der Tatbestand des Versicherungsvertrags ist also erfüllt.

Folgt man dieser Ansicht, so könnte zumindest der Lenker seinen bereits geleisteten Schadenersatzanspruch im direkten versicherungsvertraglichen Verhältnis zum Haftpflichtversicherer nachträglich geltend machen. Dies würde aber dennoch bedeuten, dass der Geschädigte im direkten Verhältnis zum Haftpflichtversicherer leer ausgeht.

Besonders bedenklich wird es, wenn der Geschädigte gleichzeitig sowohl den strafgerichtlich bereits rechtskräftig verurteilten Lenker als auch seinen Haftpflichtversicherer klagt. Denn in diesem Fall ist im Hinblick auf den Lenker von einer Bindungswirkung des Strafurteils auszugehen, während gegenüber dem Haftpflichtversicherer keine Bindungswirkung eintritt. Dies könnte unter Umständen zu unterschiedlichen Ergebnissen im Bezug auf die beklagten Parteien führen.[198]

Zusammenfassend kann also festgehalten werden, dass die Entscheidung des 2. Senates zu einer Reihe von Problemen im Kfz-Haftpflichtbereich geführt hat, die bis heute nicht einheitlich gelöst wurden. Auch wenn die Literatur verschiedenste Lösungsvorschläge angeboten hat, hält der OGH nach wie vor an seiner bisherigen Rsp fest. Zudem bleibt auch der Gesetzgeber bisher untätig.

7.2 Zur Bindungswirkung im Bereich der Vermögensdelikte

Die Tatbestände der Vermögensdelikte im Strafrecht knüpfen häufig an eine bestimmte Schadenshöhe, die durch die Straftat verursacht wurde. Man denke etwa an die §§ 127, 128 Abs

[197] Vgl *Fuchs*, ÖJZ 2001, 885.

[198] *Fuchs*, ÖJZ 2001, 888.

1 Z 5 und Abs 2 StGB[199] (Diebstahl bzw schwerer Diebstahl) oder an die §§ 146, 147 Abs 2 und Abs 3 StGB (Betrug bzw schwerer Betrug). Es stellt sich daher die Frage, inwieweit der Zivilrichter bei solchen Vermögensdelikten an die vom Strafgericht festgestellte Schadenshöhe gebunden ist.

Die Rsp ist bei der Beantwortung dieser Frage bisher zum Teil widersprüchlich. Zunächst sprach der OGH in mehreren Entscheidungen[200] aus: Wenn die strafgerichtliche Verurteilung wegen eines strafbaren Tatbestandes, zu dessen Verwirklichung zwar der Eintritt eines Vermögensschadens gehörte, für dessen Verwirklichung aber eine bestimmte Mindesthöhe dieses Schadens nicht Voraussetzung ist, erfolgte, so seien die im Strafurteil allenfalls über die Schadenshöhe getroffenen Feststellungen für den Zivilrichter nicht bindend. Eine Ausnahme, dh eine Bindung des Zivilrichters an die strafgerichtliche Feststellung der Schadenshöhe, bestehe in diesen Fällen aber dann, wenn das Strafgericht die Überschreitung der die höheren Strafsätze bedingenden Schadensgrenzen festgestellt hat. Der diese Wertgrenzen übersteigende Schaden gehöre jedoch nicht zu den den Schuldspruch notwendigerweise begründenden Tatsachen und sei daher auch nicht bindend.

Beispiel: A hat seinen Arbeitgeber um € 15.000 betrogen. Er ist deshalb in einem Strafprozess gem §§ 146, 147 Abs 2 StGB wegen schweren Betrugs verurteilt worden, weil er die Wertgrenze iHv € 5.000 überschritten hat. Sein Arbeitgeber klagt ihn nun in einem nachfolgenden Zivilprozess auf Zahlung der € 15.000, um die ihn A betrogen hat. Der Zivilrichter ist, weil eine Verurteilung wegen schweren Betruges mit einem höheren Strafsatz als der einfache Betrug sanktioniert wird, an den Ausspruch des Strafgerichts gebunden, dass der Schaden € 5.000 überstiegen hat. Hinsichtlich des € 5.000 übersteigenden Betrages besteht jedoch keine Bindung, weil die darüberhinausgehende Feststellung nicht zu den den Schuldspruch notwendigerweise begründenden Tatsachen gehört. Der Zivilrichter könnte dem Kläger daher nach eigenem Ermessen jeden € 5.000 übersteigenden Betrag zusprechen.[201]

In einer jüngeren Entscheidung[202] vertritt der OGH jedoch überraschend die Auffassung, dass eine Bindung an die gesamte vom Strafgericht festgestellte Schadenshöhe bestehe. Demnach sei der Zivilrichter auch an jene Feststellungen des Strafgerichts gebunden, die hinsichtlich der

---

[199] Bundesgesetz vom 23. Jänner 1974 über die mit gerichtlicher Strafe bedrohten Handlungen BGBl 1974/60.

[200] Siehe zB OGH 24.02.1999, 9 ObA 254/98p und OGH 03.11.1999, 9 ObA 147/99d.

[201] Vgl *Rechberger/Simotta*, Zivilprozessrecht[9] Rz 971.

[202] OGH 01.09.2015, 6 Ob 3/15g JAP 2015/2016/10 (*Rauter*) = ecolex 2016/10 = GES 2015, 405 (*Neubauer*) = EvBl 2016/37 = RdW 2016, 259.

Schadenshöhe über die im StGB geregelten Wertgrenzen hinausgehen. Im konkreten Fall betrug die festgestellte Schadenshöhe 80 Millionen US-Dollar.[203] Allerdings lässt sich aus den Begründungen dieser Entscheidung nicht nachvollziehbar ableiten, warum der OGH zu dieser Auffassung gelangt. Es bleibt daher unklar, ob der OGH damit eine neue Rsp-Linie etablieren will oder ob es sich lediglich um eine Ausnahmeentscheidung im Hinblick auf die bisherige Rsp handelt.

7.3 Die Bindung österreichischer Zivilgerichte an ausländische strafgerichtliche Verurteilungen

Der damals mit der ZPO 1895 eingeführte § 268 ZPO sah die Bindung des Zivilgerichtes an rechtskräftige Verurteilungen des Strafgerichtes vor. Allerdings blieb zunächst offen, ob von dieser Bestimmung auch ausländische Strafurteile erfasst werden. Diese Frage wurde von der Lehre seinerzeit übereinstimmend abgelehnt, weil die Bindungswirkung eine Folge der staatlichen Gerichtshoheit sei, die sich nur über das österreichische Staatsgebiet erstrecke. Die Bindungsvorschrift, die eine Norm des Verfahrensrechts sei, müsse auf den Bereich des jeweiligen Staates beschränkt bleiben.[204]

Die erste Entscheidung des OGH zur Frage der Bindungswirkung inländischer Zivilrichter an ausländische Strafurteile stammt aus dem Jahre 1976.[205] In dieser Entscheidung schloss sich der OGH dem Meinungsstand der Lehre an und begründete dies ebenfalls mit der Tatsache, dass § 268 ZPO eine Prozessnorm sei, die auf den Bereich des jeweiligen Staates beschränkt werden müsse. Diese Prozessnorm dürfe nicht aus dem Ausland heraus auf inländische Zivilgerichte einwirken. Daher bestehe keine Bindung an die Erkenntnisse ausländischer Strafgerichte.[206]

Seit dem Jahre 1998 vertritt der OGH jedoch die Ansicht, dass österreichische Zivilgerichte an die Entscheidungen ausländischer Strafgerichte gebunden seien, wenn diese aus einem Mitgliedsstaat des SDÜ[207] stammen und in diesem Mitgliedsstaat eine derartige Bindung vorgesehen ist.[208]

---

[203] Vgl *Rechberger/Simotta*, Zivilprozessrecht[9] Rz 971.

[204] *Mahrer*, Überlegungen zur Bindungswirkung ausländischer Strafurteile in österreichischen Zivilverfahren, AnwBl 2005, 545; *Fasching*, ZVR 1983, 323 f; Vgl auch *Albrecht*, ÖJZ 1997, 208.

[205] OGH 17.12.1976, 2 Ob 202/76 ZVR 1977/220 = SZ 49/158; RIS-Justiz RS0040229.

[206] Vgl auch *Mahrer*, AnwBl 2005, 545.

[207] Übereinkommen zur Durchführung des Übereinkommens von Schengen vom 14. Juni 1985 zwischen den Regierungen der Staaten der Benelux-Wirtschaftsunion, der Bundesrepublik Deutschland und der Französischen

Der OGH argumentierte, dass Urteile und Beschlüsse ausländischer Gerichte im Inland nur dann materielle Rechtskraft äußern könnten, wenn sie kraft staatsvertraglicher Regelung im Inland entweder anerkannt oder vollstreckt werden können. Demnach bedürfe es eines Anerkennungs- und/oder Vollstreckungsvertrages. Einen solchen Vertrag stelle das SDÜ dar. In diesem Übereinkommen haben sich dessen Vertragsparteien zu einer umfassenden Zusammenarbeit auf den Gebieten der Rechtshilfe und der Auslieferung sowie der Übertragung der Strafvollstreckung entschlossen. Besonders bedeutsam sei für den OGH in diesem Zusammenhang Art 54 SDÜ, welcher das Verbot der Doppelbestrafung normiert.

Art 54 SDÜ (in der aktuellen Fassung) lautet: „*Wer durch eine Vertragspartei rechtskräftig abgeurteilt worden ist, darf durch eine andere Vertragspartei wegen derselben Tat nicht verfolgt werden, vorausgesetzt, daß im Fall einer Verurteilung die Sanktion bereits vollstreckt worden ist, gerade vollstreckt wird oder nach dem Recht des Urteilsstaats nicht mehr vollstreckt werden kann.*“

Der OGH leitet in seiner Entscheidung unter Berufung auf *Schomburg*[209] daraus ab, dass sich die Vertragsstaaten durch Art 54 SDÜ an die Entscheidungen ihrer Partnerländer binden lassen und sie akzeptieren. Letztendlich gelangt er somit zum Ergebnis, dass die Vertragsstaaten des SDÜ eine ausländische strafgerichtliche Verurteilung aus einem anderen Vertragsstaat im Inland anerkennen.[210]

Diese Ansicht des OGH ist in der Lehre jedoch überwiegend auf Ablehnung gestoßen.[211] In Art 54 SDÜ ist nämlich ausdrücklich keine Bindungswirkung normiert. Darin ist lediglich der Rechtssatz „*ne bis in idem*“ verankert, wonach niemand wegen ein und derselben Tat in zwei Schengen-Staaten verurteilt werden dürfe. Daraus könne aber nicht auf eine Bindungswirkung geschlossen werden, die in den Zivilprozess hineinwirke.

Mahrer, der sich seinerzeit intensiv mit dieser Frage auseinandergesetzt hat, gelangte zum Ergebnis, dass inländische Zivilrichter nicht an ausländische Strafurteile gebunden seien. Er versuchte über eine völkerrechtskonforme Interpretation zum selben Ergebnis wie bereits der

---

Republik betreffend den schrittweisen Abbau der Kontrollen an den gemeinsamen Grenzen BGBl III 1997/90 (Österreich ist diesem Übereinkommen am 01.12.1997 beigetreten).

208 OGH 19.05.1998, 1 Ob 73/98m ÖJZ-LSK 1998/201 = JBl 1998, 665 = EvBl 1998/188 = ecolex 1998, 909 (*Oberhammer*) = SZ 71/89 = EFSlg 87.454; RIS-Justiz RS0110169.

209 Vgl *Schomburg*, Das Schengener Durchführungsübereinkommen, JBl 1997, 553 (559).

210 OGH 19.05.1998, 1 Ob 73/98m; vgl auch *Mahrer*, AnwBl 2005, 545 f.

211 *Rechberger/Simotta*, Zivilprozessrecht[9] Rz 975; *Mahrer*, AnwBl 2005, 545 ff; *Oberhammer*, ecolex 1998, 909 (EAnm).

OGH in seiner Entscheidung zu gelangen. Dabei scheiterte er jedoch, weil die Bindung eines inländischen Gerichtes an die Beurteilung einer Vorfrage durch ein ausländisches Gericht eine erhebliche Einschränkung der Souveränität der Mitgliedsstaaten bedeute. Wäre eine solche Bindungswirkung erwünscht gewesen, so hätten die Mitgliedsstaaten dies gewiss im Regelwerk des SDÜ verankert. Dies sei jedoch nicht der Fall. Zudem würde eine Bindungswirkung ausländischer Strafurteile im inländischen Zivilprozess zu weiteren Komplikationen führen. Man denke nur an die ausländischen Rechtsnormen samt dazugehöriger Rsp, die das entscheidende Gericht untersuchen müsste, um die Art und den Umfang der Urteilswirkungen im Ursprungsstaat beurteilen zu können. Diese könnten in vielen Fällen nur schwer erforscht werden. *Mahrer* kann der Auffassung des OGH somit nicht folgen, weil er meint, dass ausländische Entscheidungen nicht ohne entsprechende Rechtsgrundlagen im Inland anerkannt werden dürfen. Ansonsten könnte dies schnell zu einer umfassenden Anerkennung aller Urteilswirkungen fremder Strafurteile ausufern, wodurch letztendlich die nationale Souveränität gefährdet wäre.[212]

Mahrer betont jedoch auch, dass der Ansicht des OGH zumindest rechtspolitisch viel abzugewinnen sei. Die Mitgliedsstaaten des SDÜ hätten nämlich aufgrund der internationalen Kriminalität zweifellos ein berechtigtes Interesse an der grenzüberschreitenden Verbrechensbekämpfung.[213] Dieses Interesse ist durch die hier erörterte Rsp des OGH durchaus gefördert worden.

Zusammenfassend kann also gesagt werden, dass – trotz ablehnender Kritik in der Lehre – ein österreichischer Zivilrichter nach derzeitigem Stand der Rsp des OGH an ausländische Strafurteile gebunden ist, sofern das ausländische Strafurteil aus einem Mitgliedsstaat des SDÜ stammt und dort eine solche Bindung vorgesehen ist.

Als nächstes soll auf einige Sonderbestimmungen im Zusammenhang mit der ZPO eingegangen werden, die wiederum im Zusammenhang mit der Bindungswirkung stehen.

---

[212] *Mahrer*, AnwBl 2005, 547 und 554 ff.

[213] *Mahrer*, AnwBl 2005, 546.

8 BEDEUTUNG DES § 191 ZPO FÜR DIE BINDUNGSWIRKUNG

§ 191 Abs 1 ZPO (in der aktuellen Fassung) lautet: „*Ergibt sich im Laufe eines Rechtsstreites der Verdacht einer strafbaren Handlung, deren Ermittlung und Aburteilung für die Entscheidung des Rechtsstreites voraussichtlich von maßgebendem Einfluss ist, so kann der Senat anordnen, dass der Rechtsstreit bis zur Erledigung des Strafverfahrens unterbrochen werde.*"

Diese Bestimmung erlaubt dem Zivilrichter, den Zivilprozess bis zur Erledigung des Strafprozesses zu unterbrechen, wenn sich im Laufe des anhängigen Verfahrens der Verdacht einer strafbaren Handlung ergibt. Es ist hier also durchaus denkbar, dass § 191 Abs 1 ZPO eine Bindungsvorschrift sein könnte. In Verbindung mit dem damaligen § 268 ZPO konnte der Zivilrichter nämlich ein entscheidungserhebliches (verurteilendes) Strafurteil abwarten, an das er dann in der Folge gebunden war.[214]

Eine Unterbrechung ist nur dann sinnvoll, wenn der Zivilrichter daraus irgendeinen Nutzen für seine Entscheidungsfindung ziehen kann. Einen solchen Nutzen würde aber nur die Bindung an das Ergebnis des Strafprozesses oder zumindest eine Verwertung desselben in anderer Form darstellen. Bereits *Kralik*[215] war der Ansicht, dass der Sinn jeder Unterbrechung letztendlich nur die Bindung an rechtskräftige Entscheidungen sein kann. *Albrecht* war später der Meinung, dass der Zivilrichter auch unabhängig von § 268 ZPO im Falle einer Unterbrechung an das Ergebnis des abgewarteten Strafprozesses gebunden sein könnte. Sie begründete dies mit der Vermeidung von Entscheidungsdivergenzen und der Wahrung der Rechtskonformität, die nur dann gewährleistet werden könnten, wenn der Zivilrichter an die Entscheidung des Strafrichters gebunden sei.[216]

Problematisch sei jedoch, dass es sich um eine fakultative Bindungsvorschrift handelt. Dadurch könnte der Zivilrichter das Verfahren jederzeit unterbrechen und so nach eigenem Ermessen über eine eventuelle Bindung entscheiden. Diese Entscheidungsfreiheit könnte missbräuchlich eingesetzt werden, wenn der Zivilrichter etwa bewusst eine Unterbrechung unterlässt, um nicht an die Entscheidung des Strafrichters gebunden zu sein. Zudem darf auch Art 6 Abs 1 EMRK

---

[214] *Kralik*, Vorfrage 55.

[215] *Kralik*, Vorfrage 50.

[216] *Albrecht*, ÖJZ 1994, 42.

nicht vergessen werden. Nur wenn die Parteien des unterbrochenen Zivilverfahrens auch am Strafverfahren in gleicher Weise beteiligt waren, kann eine Bindungswirkung eintreten.[217]

Folgt man also der Ansicht von *Kralik* und *Albrecht*, so könnte eine eventuelle Bindungswirkung aufgrund von § 191 Abs 1 ZPO vertretbar angenommen werden.

[217] *Albrecht*, ÖJZ 1994, 42 f.

9 BEDEUTUNG DER WIEDERAUFNAHMSKLAGE FÜR DIE BINDUNGSWIRKUNG

9.1 § 530 Abs 1 Z 5 ZPO

§ 530 Abs 1 Z 5 ZPO (in der aktuellen Fassung) lautet: „*Ein Verfahren, das durch eine die Sache erledigende Entscheidung abgeschlossen worden ist, kann auf Antrag einer Partei wieder aufgenommen werden,* (Z 5) *wenn ein strafgerichtliches Erkenntnis, auf welches die Entscheidung gegründet ist, durch ein anderes rechtskräftig gewordenes Urteil aufgehoben ist.*"

Der Zweck der Wiederaufnahmsklage besteht darin, dass eine die Sache erledigende Entscheidung aufgehoben wird, weil bei der Gewinnung der Entscheidungsgrundlagen ein schwerwiegender Fehler unterlaufen ist, den es nun durch eine neue (fehlerfreie) Entscheidung zu ersetzen gilt.[218]

In § 530 Abs 1 Z 5 ZPO besteht der Grund für die Wiederaufnahme darin, dass ein präjudizielles strafgerichtliches Erkenntnis nachträglich aufgehoben wurde. Diese Bestimmung spricht davon, dass ein Zivilurteil auf das vorangegangene Strafurteil „gegründet" sein muss, um die Wiederaufnahme des Zivilverfahrens erfolgreich begehren zu können. Dabei gibt es drei anerkannte Fälle, in denen sich ein Zivilurteil auf ein präjudizielles Strafurteil gründet[219]:

1) Zunächst einmal ist ein Strafurteil immer dann präjudiziell, wenn der Zivilrichter an die materielle Rechtskraft des Strafurteils gebunden ist, dh wenn das Strafurteil jene Bindungswirkungen entfaltet, die bereits der verstärkte Senat in seiner Grundsatzentscheidung ausgesprochen hat.

2) Darüber hinaus ist ein Strafurteil auch dann präjudiziell, wenn der Zivilrichter die Beweisergebnisse des Strafverfahrens gem § 281a ZPO übernommen hat.

3) Und schließlich ist ein Strafurteil immer dann präjudiziell, wenn es im nachfolgenden Zivilprozess Tatbestandswirkung entfaltet hat.

Der OGH hat jedoch bereits in mehreren Entscheidungen[220] ausgesprochen, dass es keinen Wiederaufnahmsgrund darstellt, wenn das Zivilgericht eine Vorfrage ausschließlich in seinen

---

[218] *Rechberger/Simotta*, Zivilprozessrecht[9] Rz 1169.

[219] *Rechberger/Simotta*, Zivilprozessrecht[9] Rz 1175.

[220] RIS-Justiz RS0108294; vgl zuletzt OGH 30.08.2017, 3 Ob 132/17h MR 2017, 269 = ZIIR-Slg 2018/6 = ecolex 2018/23.

Entscheidungsgründen beurteilt, das Strafgericht jedoch nachträglich eine von diesen Entscheidungsgründen abweichende Feststellung in seinem Urteil trifft.

Hinsichtlich der vorher besprochenen Bestimmung des § 191 Abs 1 ZPO führte bereits *Albrecht* aus, dass eine Wiederaufnahme nach § 530 Abs 1 Z 5 ZPO nicht in Frage kommt, weil ein Zivilurteil allein wegen der Unterbrechung des Verfahrens nicht auf ein Strafurteil gegründet werden kann.[221]

Zusammenfassend kann also gesagt werden, dass die Wiederaufnahmsklage insofern für die Bindungswirkung Bedeutung hat, als die materielle Rechtskraft der Bindungswirkung dadurch nachträglich durchbrochen werden kann.

Im Anschluss soll nun auf die Rechtsfolgen eines Verstoßes gegen die Bindungswirkung eingegangen werden.

---

[221] *Albrecht*, ÖJZ 1994, 43.

10 RECHTSFOLGEN EINES VERSTOßES GEGEN DIE BINDUNGSWIRKUNG

Der Zivilrichter kann auf zwei Arten gegen die Bindungswirkung des präjudiziellen Strafurteils verstoßen: Entweder er missachtet die Bindungswirkung und erlässt ein Urteil, ohne das Strafurteil entsprechend miteinzubeziehen, oder er nimmt zu Unrecht eine Bindungswirkung an und erlässt ein entsprechendes Urteil.[222]

Je nachdem, welche Art des Verstoßes vorliegt, unterscheidet man verschiedene Rechtsfolgen:

Missachtet der Zivilrichter die Bindungswirkung (bewusst oder unbewusst), so bewirkt dies laut stRsp des OGH[223] einen Nichtigkeitsgrund, der von Amts wegen wahrzunehmen ist. Daher ist auch eine erst nach Schluss der mündlichen Verhandlung 1. Instanz erfolgte strafgerichtliche Verurteilung noch zu berücksichtigen. Zu beachten ist, dass dieser von Amts wegen wahrzunehmende Nichtigkeitsgrund nicht im Katalog der Nichtigkeitsgründe des § 477 ZPO aufgezählt ist.[224]

Nimmt der Zivilrichter hingegen zu Unrecht eine Bindung an, so bildet dies nach § 496 Abs 1 Z 2 ZPO eine Mangelhaftigkeit des Verfahrens, die nur bei ausdrücklicher Rechtsrüge wahrzunehmen ist.[225]

---

[222] *Rechberger/Simotta*, Zivilprozessrecht[9] Rz 976.

[223] RIS-Justiz RS0074230; siehe zB auch OGH 08.05.2013, 6 Ob 21/13a JBl 2013, 571 = MR 2013, 223 (*Korn*) = ZVR 2014/58 (*Danzl*).

[224] Vgl OGH 17.10.1995, 1 Ob 612/95; Siehe auch *Rechberger/Simotta*, Zivilprozessrecht[9] Rz 976.

[225] Vgl *Rechberger/Simotta*, Zivilprozessrecht[9] Rz 976; So auch bereits *Fuchs*, ÖJZ 2001, 836 und *Albrecht*, ÖJZ 1997, 210.

11 RECHTSPOLITISCHE ÜBERLEGUNGEN ZU EINER NEUREGELUNG DES § 268 ZPO

Nun, da die Problematik der Bindung des Zivilrichters an Strafurteile in dieser Diplomarbeit ausführlich und umfassend erörtert wurde, sollen zum Abschluss noch einmal rechtspolitische Überlegungen zu einer möglichen Neuregelung des § 268 ZPO einfließen.

Vor allem *Forgó-Feldner* hat sich zu dieser Thematik ausführlich geäußert:

Sie beklagt, dass die Situation, in der sich die Rechtsunterworfenen derzeit befinden, höchst unbefriedigend sei, weil der aktuelle Stand der Judikatur von der anzustrebenden Rechtssicherheit, Entscheidungsharmonie und Einheitlichkeit der Rsp weit entfernt sei. Man denke nur an das widersprüchliche Ergebnis der Judikatur des OGH, dass ein Strafurteil keine Bindungswirkung entfaltet, wenn ein Kfz-Lenker verurteilt wurde, während dies bei einem Fahrradlenker durchaus der Fall ist. *Forgó-Feldner* hält eine gesetzliche Lösung dieses Problems für angebracht und bietet diesbezüglich drei Lösungsvorschläge an[226]:

1) Zunächst einmal könnte normiert werden, dass der Zivilrichter seine Entscheidung ohne die Bindung an das vorangehende Strafurteil treffen darf. Der Gesetzgeber würde damit klarstellen, dass der materiellen Rechtskraft eines Strafurteils keine bindende Wirkung für nachfolgende Zivilverfahren innewohnt. Dadurch würde sowohl das rechtliche Gehör als auch der Grundsatz der Unmittelbarkeit uneingeschränkt aufrecht bleiben. Zudem bliebe auch die richterliche Entscheidungsfreiheit unangetastet.

2) Der Gesetzgeber könnte sich aber auch aus prozessökonomischen Gründen weiterhin für eine Bindung entscheiden. Unter diesen Umständen schlägt *Forgó-Feldner* jedoch vor, dass der Gesetzgeber ausdrücklich normiert, welche Urteile für welchen Personenkreis Bindungswirkungen entfalten und welche nicht. Allerdings gibt sie auch hier zu bedenken, dass dadurch die richterliche Entscheidungsfreiheit eingeschränkt wird. Zudem müsste sich der Angeklagte bereits im Strafverfahren auf die möglichen späteren zivilrechtlichen Konsequenzen konzentrieren und diese in seine Prozesstaktik miteinbeziehen.[227]

3) Schließlich könnte der Gesetzgeber auch eine Beweisvermutung normieren, welche die richterliche Entscheidungsfreiheit und das rechtliche Gehör unangetastet lässt. So könnten die

[226] *Forgó-Feldner*, ÖJZ 2005, 876 f.

[227] Vgl dazu bereits *Steininger* in FS Matscher 482.

Ergebnisse des Strafverfahrens in die Entscheidungsfindung des Zivilrichters miteinfließen, ohne dass dieser bedingungslos an die Feststellungen des Strafrichters gebunden ist.

Forgó-Feldner befürwortet den ersten Lösungsansatz und schlägt daher vor, einen neuen § 268 ZPO mit folgendem Wortlaut zu normieren: „*Wenn die Entscheidung von dem Beweis und der Zurechnung einer strafbaren Handlung abhängt, ist der Richter an den Inhalt eines hierüber ergangenen rechtskräftigen Erkenntnisses des Strafgerichts nicht gebunden.*“[228]

Meines Erachtens ist diesem Lösungsansatz der Vorzug zu geben, zumal die – bis heute nicht unproblematische – Judikatur des OGH zu einer Reihe von (in dieser Diplomarbeit bereits umfassend erörterten) Problemen geführt hat, die beim Rechtsunterworfenen auf Unmut stoßen. Außerdem hat der VfGH in seinem damaligen Erkenntnis nicht umsonst ausdrücklich ausgesprochen, dass die rechtspolitischen Probleme, die sich durch das Nebeneinander von gebundenen und nicht-gebundenen Beteiligten ergeben, vom Gesetzgeber zu lösen seien. Darüber hinaus führt die Judikatur des OGH bereits seit Jahrzehnten zu kritischen Diskussionen in der Literatur.

Insbesondere aus Gründen der Rechtsklarheit ist es meiner Ansicht nach daher höchst an der Zeit, einen Schlussstrich unter dieses Kapitel der Rechtsgeschichte zu setzen, um auch den entscheidenden Zivilrichtern (insb in Kfz-Haftpflichtprozessen) sowie den beteiligten Parteien das Leben zu erleichtern.

---

[228] *Forgó-Feldner*, ÖJZ 2005, 877.

12 RESÜMEE

Zusammenfassend kann gesagt werden, dass ein strafgerichtliches Urteil immer dann Bindungswirkung im nachfolgenden Zivilprozess entfaltet, wenn es präjudiziell ist und die am Zivilprozess beteiligten Parteien im vorangegangenen Strafverfahren gleichermaßen die Möglichkeit hatten, ihr rechtliches Gehör zu wahren.

In dieser Diplomarbeit wurde auch aufgezeigt, dass ausländische Strafurteile im Inland Bindungswirkungen entfalten können, wenn sie aus einem Mitgliedsstaat des SDÜ stammen und dort eine solche Bindung vorgesehen ist.

Keine Bindungswirkung entfalten hingegen freisprechende Urteile, diversionelle Entscheidungen und Entscheidungen, mit denen das Strafverfahren eingestellt wird, weil hier nicht verbindlich ausgesprochen wird, dass der Beschuldigte eine bestimmte Straftat tatsächlich begangen hat.

Hinsichtlich der Bindungswirkung von Strafurteilen wurde auch zwischen der Feststellungswirkung, die sich aus dem Schuldspruch des Strafurteils ergibt, und der Tatbestandswirkung, die sich aus bestimmten Normen ergibt, unterschieden.

Spezielle Probleme ergeben sich im Bereich der Kfz-Haftpflichtversicherung, weil der Haftpflichtversicherer, der am vorangegangenen Strafverfahren nicht beteiligt war, nicht an die Feststellungen des Strafurteils gebunden werden kann. Erreicht er nun gegen den Kläger ein klagsabweisendes Urteil, so erstreckt sich dessen Rechtskraft gem § 28 KHVG auch auf den im Strafprozess Verurteilten, der nunmehr Beklagter im Zivilprozess ist. Die Folge: Der Kläger geht unter Umständen leer aus, obwohl der Beklagte ihm den Schaden, der aus der Straftat erwachsen ist, tatsächlich zugefügt hat. Dieses Problem besteht auch heute noch.

Im Bereich der Vermögensdelikte wurde festgestellt, dass der Zivilrichter nur bis zu den Wertgrenzen an das Strafurteil gebunden ist, während er darüber hinaus nach eigenem Ermessen einen Schadenersatz zusprechen kann.

Es wurden auch einzelne Sonderbestimmungen im Gesamtkontext der ZPO erläutert, die im Zusammenhang mit der Bindungswirkung stehen (§§ 281a und 191 ZPO). Insb der für die in dieser Diplomarbeit erörterten Probleme maßgebliche Art 6 Abs 1 EMRK wurde ausführlich besprochen.

Zudem wurde klargestellt, dass jene Zivilurteile, die sich auf vorangegangene Strafurteile gründen, durch eine Wiederaufnahmsklage nachträglich beseitigt werden können.

Auch die Rechtsfolgen bei einem Verstoß gegen die Bindungswirkung wurden erläutert: Lässt der Zivilrichter die Bindungswirkung außer Acht, so bildet dies einen Nichtigkeitsgrund. Legt er hingegen seinem Zivilurteil die Bindungswirkung fälschlicherweise zugrunde, so bildet dies eine Mangelhaftigkeit des Verfahrens.

Des Weiteren wurde ein wesentlicher Überblick über die Judikatur und Literatur der letzten Jahrzehnte gegeben – von der Entstehung des § 268 ZPO, über dessen Aufhebung durch den VfGH, zur Grundsatzentscheidung des verstärkten Senates und der Aushöhlung derselben durch den 2. Senat, bis hin zur weiteren Entwicklung in der Literatur und Judikatur.

Sämtliche wegweisenden Entscheidungen des OGH wurden inhaltlich untersucht und die daraus entspringenden wichtigsten inhaltlichen Erkenntnisse aufgezeigt. Literarische Pro- und Contra-Meinungen wurden einander gegenübergestellt und ebenfalls näher erläutert.

Insgesamt wurde die Thematik aus verschiedensten Perspektiven betrachtet, vor allem aber von der straf- und zivilprozessualen Seite aus.

Darüber hinaus sind auch rechtspolitische Überlegungen in diese Diplomarbeit eingeflossen.

Zum Abschluss bleibt nur noch eines zu sagen: Derzeit liegen keine Anhaltspunkte dafür vor, dass der Gesetzgeber die in dieser Diplomarbeit aufgeworfenen Probleme einer gesetzlichen Lösung zuführen will. Der aktuelle Stand der Rsp wird noch weitgehend toleriert. Sollten in Zukunft jedoch neuartige Probleme aufgrund der Bindungswirkung strafgerichtlicher Urteile im Zivilprozess auftreten, so kann mE davon ausgegangen werden, dass der Gesetzgeber früher oder später darauf reagieren wird.

LITERATURVERZEICHNIS

Selbstständige Werke und Kommentare

Fasching Hans W., Die Grenzen der Bindung des Zivilgerichtes an die Erkenntnisse des Strafgerichtes, GA zum 3. ÖJT I/1 (1967) – [*Fasching*, GA zum 3. ÖJT I/1 (1967)]

Fasching Hans W., Kommentar zu den Zivilprozeßgesetzen III (1966)

Fasching Hans W., Lehrbuch des österreichischen Zivilprozessrechts, 2. Auflage (1990) – [*Fasching*, Lehrbuch Zivilprozessrecht² (1990)]

Fasching Hans W./*Konecny* Andreas, Kommentar zu den Zivilprozessgesetzen III/2, 3. Auflage (2017)

Kralik Winfried, Die Vorfrage im Verfahrensrecht (1953) – [*Kralik*, Vorfrage]

Rechberger Walter H./*Simotta* Daphne-Ariane, Zivilprozessrecht, 9. Auflage (2017) – [*Rechberger/Simotta*, Zivilprozessrecht⁹]

Rechberger Walter/*Simotta* Daphne-Ariane, Grundriss des österreichischen Zivilprozessrechts, 6. Auflage (2003)

Roeder Hermann, System des österreichischen Strafverfahrensrechtes (1951)

Schauer Martin, Das österreichische Versicherungsvertragsrecht, 3. Auflage (1995)

Beiträge in Zeitschriften, Festschriften und sonstigen Sammelwerken

Albrecht Isabel, § 268 ZPO und Wiederaufnahmsklage, ÖJZ 1994, 41 – [*Albrecht*, ÖJZ 1994, 41]

Albrecht Isabel, Probleme der Bindung an strafgerichtliche Verurteilungen im Zivilverfahren, ÖJZ 1997, 201 – [*Albrecht*, ÖJZ 1997, 204]

Bauerreiss Wolfgang, § 268 ZPO und die Europäische Menschenrechtskonvention, ZVR 1974, 65 – [*Bauerreiss*, ZVR 1974, 65]

Bollenberger Raimund, Zivilrechtliche Folgen einer strafrechtlichen Verurteilung, ÖJZ 2008, 515 – [*Bollenberger*, ÖJZ 2008, 515]

Böhm Peter, Die Bindung des Zivilgerichts an (verurteilende) Erkenntnisse des Strafgerichts, AnwBl 1996, 734

Fasching Hans W., Die Bindung des Zivilrichters an Entscheidungen des Strafgerichtes (§ 268 ZPO) in der Rechtsprechung des letzten Jahrzehnts, ZVR 1983, 321 – [*Fasching*, ZVR 1983, 321]

Fink Herbert, Ist § 268 ZPO verfassungswidrig? – Bemerkungen zum Gesetzesprüfungsantrag des OLG Innsbruck, ZVR 1989, 321 – [*Fink*, ZVR 1989, 321]

Forgó-Feldner Birgit, Die Bindung des Zivilrichters an strafgerichtliche Verurteilungen – Rückblick und Ausblick, ÖJZ 2005, 866 – [*Forgó-Feldner*, ÖJZ 2005, 866]

Fuchs Lydia, Zur Bindungswirkung des verurteilenden Straferkenntnisses im Bereich der Kfz-Haftpflichtversicherung (1. Teil), ÖJZ 2001, 821 – [*Fuchs*, ÖJZ 2001, 821]

Fuchs Lydia, Zur Bindungswirkung des verurteilenden Straferkenntnisses im Bereich der Kfz-Haftpflichtversicherung (2. Teil), ÖJZ 2001, 880 – [*Fuchs*, ÖJZ 2001, 880]

Graff Michael, AnwBl 1990, 736 (EAnm) – [*Graff* Michael, AnwBl 1990, 736 (EAnm)]

Graff Michael, AnwBl 1993, 273 (EAnm) – [*Graff* Michael, AnwBl 1993, 273 (EAnm)]

Graff Michael, AnwBl 1996, 77 (EAnm) – [*Graff*, AnwBl 1996, 77 (EAnm)]

Klicka Thomas, Bindung an Strafurteile vom VfGH aufgehoben! JAP 1990/91, 103 – [*Klicka*, JAP 1990/91, 103]

Klicka Thomas, Bindungswirkung des Strafurteils / Rechtskrafterstreckung des abweisenden Haftpflichturteils, JBl 1998, 584 – [*Klicka*, JBl 1998, 584]

Konecny Andreas, Versicherungen im Zivilprozess nicht mehr an verurteilende Straferkenntnisse gebunden! ecolex 1990, 737 – [*Konecny*, ecolex 1990, 737]

Mahrer Martin, Überlegungen zur Bindungswirkung ausländischer Strafurteile in österreichischen Zivilverfahren, AnwBl 2005, 545 – [*Mahrer*, AnwBl 2005, 545]

Morscher Siegbert, Bindung und Bundesverfassung, JBl 1991, 86 – [*Morscher*, JBl 1991, 86 f]

Nowakowski Friedrich, Die materielle Rechtskraft des Schuldspruchs, ÖJZ 1948, 546 – [*Nowakowski*, ÖJZ 1948, 546]

Oberhammer Paul, ecolex 1995, 790 (EAnm)

Oberhammer Paul, Feststellungswirkung des Strafurteils für den nachfolgenden Zivilprozeß, JAP 1995/1996, 124 – [*Oberhammer*, JAP 1995/1996, 124]

Oberhammer Paul, ecolex 1998, 759 (EAnm)

Oberhammer Paul, ecolex 1998, 909 (EAnm)

Sachers Erich, Strafurteil und Zivilprozeß – Grenzen der Wirkung des Strafurteiles gemäß § 268 der Zivilprozeßordnung, in FS Rittler (1957) 353 – [*Sachers* in FS Rittler 353]

Schauer Martin, Bemerkungen zur Bindung des Haftpflichtversicherers an Strafurteile, RdW 1997, 5 – [*Schauer*, RdW 1997, 5]

Schomburg Wolfgang, Das Schengener Durchführungsübereinkommen, JBl 1997, 553

Simotta Daphne-Ariane, Die Bedeutung einer strafgerichtlichen Verurteilung für den Zivilprozeß nach Aufhebung des § 268 ZPO, NZ 1991, 75 – [*Simotta*, NZ 1991, 75]

Simotta Daphne-Ariane, Ein Nachfolger für § 268 ZPO? ecolex 1991, 521 – [*Simotta*, ecolex 1991, 521]

Steininger Viktor, Konsequenzen der Aufhebung des § 268 ZPO, in FS Matscher (1993) 477 – [*Steininger* in FS Matscher 477]

Walter Robert, Strafgerichtliche Verurteilung und Zivilprozess, ecolex 1991, 379 – [*Walter*, ecolex 1991, 379]

Gesetzesmaterialien

Erläuterungen zur Regierungsvorlage 121 BlgNR 3. GP 2 f

Erläuterungen zur Regierungsvorlage 669 BlgNR 15. GP 54

Materialien zu den neuen österreichischen Civilprocessgesetzen I (1897), 298

JUDIKATURVERZEICHNIS

Rechtsprechung des OGH

OGH 25.05.1951	2 Ob 324/51	SZ 24/148
OGH 24.01.1968	5 Ob 259/67	SZ 41/8
OGH 24.11.1976	1 Ob 755/76	RZ 1977/75 = ÖA 1977, 153
OGH 17.12.1976	2 Ob 202/76	ZVR 1977/220 = SZ 49/158
OGH 01.02.1979	7 Ob 4/79	SZ 52/17 = VersR 1981, 588
OGH 27.10.1981	5 Ob 697/81	EvBl 1982/70 = SZ 54/150
OGH 17.11.1981	4 Ob 547/81	EvBl 1982/164
OGH 07.06.1984	8 Ob 18/84	(unveröffentl)
OGH 20.06.1985	6 Ob 695/84	(unveröffentl)
OGH 26.06.1985	3 Ob 577/85	(unveröffentl)
OGH 03.04.1986	8 Ob 538/85	(unveröffentl)
OGH 01.09.1987	5 Ob 573/85	ÖBA 1988, 1225 (*Avancini*)
OGH 17.01.1990	1 Ob 694/89	JBl 1990, 662 = SZ 63/4 = EvBl 1990/89
OGH 18.09.1991	2 Ob 41/91	ZVR 1992/106 = RZ 1992/39 = ecolex 1992, 89
OGH 15.01.1992	9 ObA 240/91	(unveröffentl)
OGH 11.03.1992	2 Ob 1022/91	(unveröffentl)
OGH 29.10.1992	2 Ob 541/92	ecolex 1993, 238 (*Konecny*) = AnwBl 1993, 273 (*Graff*)
OGH 28.06.1994	5 Ob 527/94	(unveröffentl)
OGH 26.04.1995	3 Ob 42/95	SZ 68/83
OGH 17.10.1995	1 Ob 612/95	AnwBl 1995, 900 (*Strigl*) = RdW 1996, 15 (*Berger*) = ZVR 1996/2 = JBl 1996, 117 = EvBl 1996/34 = AnwBl 1996, 734 (*Böhm*) = SZ 68/195 = EFSlg 79.219

OGH 25.01.1996	6 Ob 1506/96	(unveröffentl)
OGH 30.05.1996	2 Ob 2070/96t	ZVR 1996/80 = SZ 69/131 = RdW 1997, 18 = Zak 2010/255 (*Kolmasch*)
OGH 05.09.1996	2 Ob 2287/96d	(unveröffentl)
OGH 14.11.1996	2 Ob 2348/96z	(unveröffentl)
OGH 20.11.1996	7 Ob 2309/96a	SZ 69/259
OGH 14.01.1997	4 Ob 9/97w	(unveröffentl)
OGH 20.03.1997	2 Ob 79/95	(unveröffentl)
OGH 26.05.1997	2 Ob 216/97x	(unveröffentl)
OGH 24.06.1997	5 Ob 105/97w	(unveröffentl)
OGH 09.10.1997	2 Ob 203/97k	(unveröffentl)
OGH 09.12.1997	4 Ob 311/97g	(unveröffentl)
OGH 02.04.1998	2 Ob 257/97a	SZ 1971/66 = JBl 1998, 584 (*Klicka*) = ecolex 1998, 759 (*Oberhammer*) = RdW 1998, 739 = ZVR 1998/98
OGH 19.05.1998	1 Ob 73/98m	ÖJZ-LSK 1998/201 = JBl 1998, 665 = EvBl 1998/188 = ecolex 1998, 909 (*Oberhammer*) = SZ 71/89 = EFSlg 87.454
OGH 23.02.1999	1 Ob 21/99s	(unveröffentl)
OGH 24.02.1999	9 ObA 254/98p	(unveröffentl)
OGH 09.09.1999	8 ObA 218/99p	(unveröffentl)
OGH 03.11.1999	9 ObA 147/99d	(unveröffentl)
OGH 14.12.2000	7 Ob 253/00g	SZ 73/200
OGH 17.04.2002	9 ObA 289/01t	(unveröffentl)
OGH 18.04.2002	2 Ob 71/02h	ZIK 2002, 144 = RdW 2002, 595 = ÖBA 2003, 229 = ZVR 2002, 78 (*Danzl*)
OGH 23.09.2004	2 Ob 186/04y	Jus-Extra OGH-Z 3850 = JBl 2005, 393 = ZVR 2005, 92 (*Danzl*) = MietSlg 56.663

OGH 26.03.2009	6 Ob 18/09d	Zak 2009/326 = EF-Z 2009/118 (*Beck*) = EvBl 2009/118 = Zak 2010/136 (*Aichinger*)
OGH 08.05.2013	6 Ob 21/13a	JBl 2013, 571 = MR 2013, 223 (*Korn*) = ZVR 2014/58 (*Danzl*)
OGH 23.10.2013	2 Ob 173/13z	Zak 2013/815
OGH 01.09.2015	6 Ob 3/15g	JAP 2015/2016/10 (*Rauter*) = ecolex 2016/10 = GES 2015, 405 (*Neubauer*) = EvBl 2016/37 = RdW 2016, 259
OGH 30.08.2017	3 Ob 132/17h	MR 2017, 269 = ZIIR-Slg 2018/6 = ecolex 2018/23
OGH 25.04.2018	3 Ob 41/18b	(unveröffentl)
OGH 04.07.2018	7 Ob 125/18k	RdW 2018/540 = ZVers 2019, 32

Rechtsprechung des OLG

OLG Innsbruck 06.04.1989	2 R 16/89	(unveröffentl)

Rechtsprechung des VfGH

VfGH 12.10.1990	G 73/89	VfSlg 12.504 = JBl 1991, 104

Rechtssätze

RIS-Justiz RS0036911

RIS-Justiz RS0039993

RIS-Justiz RS0040116

RIS-Justiz RS0040229

RIS-Justiz RS0040235

RIS-Justiz RS0040283

RIS-Justiz RS0040384

RIS-Justiz RS0040455

RIS-Justiz RS0040467

RIS-Justiz RS0041572

RIS-Justiz RS0074219

RIS-Justiz RS0074230

RIS-Justiz RS0074920

RIS-Justiz RS0074953

RIS-Justiz RS0074990

RIS-Justiz RS0097968

RIS-Justiz RS0106015

RIS-Justiz RS0108294

RIS-Justiz RS0110169

RIS-Justiz RS0114508

ABKÜRZUNGSVERZEICHNIS

ABGB	Allgemeines bürgerliches Gesetzbuch für die gesammten deutschen Erbländer der Oesterreichischen Monarchie
Abs	Absatz
AnfO	Anfechtungsordnung
AnwBl	Österreichisches Anwaltsblatt
Art	Artikel
ASGG	Bundesgesetz vom 7. März 1985 über die Arbeits- und Sozialgerichtsbarkeit (Arbeits- und Sozialgerichtsgesetz)
BGBl	Bundesgesetzblatt
BlgNR	Beilage zu den stenographischen Protokollen des Nationalrates
BVG	Bundesverfassungsgesetz
B-VG	Bundes-Verfassungsgesetz
bzw	beziehungsweise
dh	das heißt
EAnm	Entscheidungsanmerkung
EB	Erläuternde Bemerkungen zur Regierungsvorlage
EFSlg	Ehe- und familienrechtliche Entscheidungssammlung
EF-Z	Zeitschrift für Familien- und Erbrecht
EKHG	Eisenbahn- und Kraftfahrzeughaftpflichtgesetz
EMRK	Europäische Menschenrechtskonvention
Erk	Erkenntnis

EvBl	Evidenzblatt der Rechtsmittelentscheidungen in Österreichische Juristen-Zeitung
FN	Fußnote
GA	Gutachten
gem	gemäß
GP	Gesetzgebungsperiode
hL	herrschende Lehre
idR	in der Regel
insb	insbesondere
iSd	im Sinne des
iZm	im Zusammenhang mit
iVm	in Verbindung mit
JBl	Juristische Blätter
Jus-Extra OGH-Z	Zeitschrift für Gesetzgebung, Judikatur und Literatur
KFG	Kraftfahrgesetz
Kfz	Kraftfahrzeug
KHVG	Kraftfahrzeug-Haftpflichtversicherungsgesetz
mE	meines Erachtens
MietSlg	Mietrechtliche Entscheidungssammlung
MR	Medien und Recht
ÖA	Österreichischer Amtsvormund, Fachzeitschrift für Kindschaftsrecht, Familienrecht und Jugendwohlfahrt
ÖBA	Österreichisches Bankarchiv
OGH	Oberster Gerichtshof
ÖJZ	Österreichische Juristen-Zeitung
ÖJZ-LSK	Leitsatzkartei in der ÖJZ

OLG	Oberlandesgericht
RdW	Österreichisches Recht der Wirtschaft
RGBl	Reichsgesetzblatt
RIS	Rechtsinformationssystem des Bundes
Rsp	Rechtsprechung
RZ	Österreichische Richterzeitung
Rz	Randzahl
SDÜ	Schengener Durchführungsübereinkommen
StGB	Strafgesetzbuch
StPO	Strafprozessordnung
SZ	Entscheidungen des österreichischen Obersten Gerichtshofes in Zivil- und Justizverwaltungssachen
unveröffentl	unveröffentlichte Entscheidung
usw	und so weiter
VersR	(deutsches) Versicherungsrecht, Juristische Rundschau für die Individualversicherung
VfGH	Verfassungsgerichtshof
VfSlg	Sammlung der Erkenntnisse und wichtigsten Beschlüsse des Verfassungsgerichtshofes
vgl	vergleiche
Z	Ziffer
Zak	Zivilrecht aktuell
zB	zum Beispiel
ZIK	Zeitschrift für Insolvenzrecht und Kreditschutz
ZIIR-Slg	Sammlung der Entscheidungen in der Zeitschrift für Informationsrecht

ZPO	Gesetz vom 1. August 1895, über das gerichtliche Verfahren in bürgerlichen Rechtsstreitigkeiten
ZVers	Zeitschrift für Versicherungsrecht
ZVN	Zivilverfahrens-Novelle
ZVR	Zeitschrift für Verkehrsrecht

FSC
www.fsc.org
MIX
Papier | Fördert
gute Waldnutzung
FSC® C083411

Kolibri 360 GmbH
Ferdinand-Jühlke-Straße 7
99095 Erfurt, Deutschland
produktsicherheit@kolibri360.de

Druck:
CPI Druckdienstleistungen GmbH
im Auftrag der
Kolibri 360 GmbH
Ferdinand-Jühlke-Str. 7
99095 Erfurt